Die Willenskraft Christi

Samael Aun Weor

Verlag Heliakon

Verlag Heliakon

Umschlaggestaltung und Illustrationen: Verlag Heliakon

Originaltitel: La Voluntad Cristo
Übersetzer: Osmar Henry Syring

Druck und Vertrieb: BoD - Books on Demand, Norderstedt

ISBN: 978-3-943208-23-8

www.verlag-heliakon.de
info@verlag-heliakon.de

Die Deutsche Nationalbibliothek verzeichnet diese Publikation in der Deutschen Nationalbibliografie; detaillierte bibliografische Daten sind im Internet über dnb.de abrufbar.

Inhaltsverzeichnis

Einleitung

Und ich sah auf der rechten Hand dessen, der auf dem Thron saß, eine Buchrolle; sie war innen und außen beschrieben und mit sieben Siegeln versiegelt. Und ich sah: Ein gewaltiger Engel rief mit lauter Stimme: Wer ist würdig, die Buchrolle zu öffnen und ihre Siegel zu lösen? (Off. 5; 1-2).

Dieses göttliche Buch ist der Mensch und die sieben Siegel sind die sieben heiligen Schlangen, die wir durch den Stab erheben müssen, so wie es Moses in der Wüste tat.

Das ist das große Arkanum.

In diesem Werk werden wir die Mysterien des fünften Siegels studieren.

In diesem Buch werden wir ausführlich die großen Mysterien des menschlichen Willens studieren.

Viel wurde über den Willen geschrieben, aber noch nie hat jemand die großen Mysterien des universalen Willens studiert.

Und ich sah: Ein anderer gewaltiger Engel kam aus dem Himmel herab; er war von einer Wolke umhüllt und der Regenbogen stand über seinem Haupt. Sein Gesicht war wie die Sonne und seine Beine waren wie Feuersäulen. Und er rief laut, so wie ein Löwe brüllt. Nachdem er gerufen hatte, erhoben die sieben Donner ihre Stimme. (Off. 10; 1, 3)

Wenn der Mensch seine sieben Schlangen erhoben hat, verwandelt er sich in einen herrlichen Engel, gekrönt mit einem Regenbogen (über seinem Kopf).

Dieser Regenbogen entspricht den sieben brennenden Feuerzungen, die uns in Könige und Priester des Universums verwandeln.

Die sieben Donner sind die sieben Stimmen, die sieben Vokale, die sieben Schlangen, die uns in allmächtige Götter des Universums verwandeln.

In diesem Buch studieren wir die großartigen Mysterien des Willens.

Es ist notwendig, den Willen zu christifizieren.

Es ist notwendig, dass wir mächtig werden.

Wir wollen einen Willen aus Feuer.

Alle großen Kräfte des Universums befinden sich in der Sexualität.

Alle unbeschreiblichen Kräfte der Schöpfung schlummern in unseren Zeugungsorganen.

Die Liebe ist die Grundlage des großen Werkes.

Mann und Frau können sich, wenn sie sexuell vereint sind, in gewaltige Monarchen der Natur verwandeln.

Wenn ein Mann und eine Frau sich sexuell vereinen, wird etwas erschaffen.

Diejenigen, die ihren Willen christifizieren wollen, müssen Sexualmagie mit der Frau praktizieren.

Diejenigen, die sich in Götter verwandeln wollen, müssen intensiv Sexualmagie mit der Frau praktizieren.

Alles andere bedeutet bedauerlicherweise, Zeit zu verlieren.

Samael Aun Weor

Kapitel I

Dein Wille geschehe

Oh Buddha, hast du diese unaussprechlichen Wesen gesehen, die sich in der Welt des Willens ehrfürchtig vor der Majestät des Vaters verbeugten?

Dein Wille geschehe, oh mein Gott, wie im Himmel so auf Erden ...

„Mein Vater, wenn es möglich ist, lasse diesen Kelch an mir vorübergehen, aber nicht mein Wille, sondern dein Wille geschehe.“

Der Wille soll vor dem Innersten niederknien.

Der Wille soll sich vor der Majestät des Vaters demütig zeigen.

Wenn wir den Körper des Willens christifizieren wollen, müssen wir den Willen des Vaters befolgen, sowohl auf der Erde wie auch im Himmel ...

Der Vater und der Sohn sind eins, aber der rebellische Sohn ist machtlos vor der Majestät des Vaters.

Die Willenskraft Christi ist mächtig, weil sie nur dem Willen des Innersten folgt, sowohl auf der Erde wie auch im Himmel.

Wenn der Wille unabhängig handeln will, ohne dem Willen des Vaters zu folgen, ist der Wille schwach.

Wir müssen die Dornenkrone des Meisters auf unser Haupt setzen.

Die Dornenkrone symbolisiert die Willenskraft Christi.

Die Willenskraft Christi ist allmächtig, weil sie nur dem Willen des Innersten folgt, sowohl auf der Erde wie auch im Himmel.

Wenn der menschliche Wille sich dem Willen des Vaters widersetzt, begeht er ein Verbrechen der Majestätsbeleidigung gegenüber dem Innersten.

Kapitel II

Das Erwachen des Feuers

Du hast deine fünfte Schlange erweckt, um deinen Willenskörper zu christifizieren.

Freue dich, oh erleuchteter Buddha, denn jetzt wird sich deine menschliche Willenskraft in die Willenskraft Christi verwandeln.

Ein wunderschönes Kind erscheint in der kausalen Welt, es ist dein Willenskörper.

Eine stählerne Tür öffnet sich, ähnlich der Tür eines Gartens, tritt ein, mein Sohn ... tritt ein ...

Mein Bruder, bringe den Willenskörper in den Tempel; dein wunderschönes Kind, bringe es ihn in den Tempel, um das Fest zu feiern.

Betrachte es genau, Bruder meiner Seele, im Steißbein des Kausalkörpers wirst du die fünfte erwachte Schlange sehen.

Der ruhmreiche Siegeszug hat begonnen, dessen Höhepunkt die vollständige Christifizierung des Willens sein wird.

Nun erstrahlt die Willenskraft Christi …

Nun verbeugt sich die menschliche Seele vor dem Willen des Vaters …

Bruder meiner Seele, empfange deinen heiligen Ring ... und dein gesegnetes Tuch …

Ein altersschwacher Greis kreuzt deinen Weg …

Der Greis sagt: »*Gib die irdischen Dinge auf …*«

Höre ihn an, mein Bruder, höre ihn an, oh Buddha!

Ich sage meinen Arhats, dass man den Willen von den irdischen Dingen befreien muss.

Ich sage meinen Arhats, dass das Ego-Manas in seinem Schoß das unerträgliche Gewicht der Jahrhunderte versteckt …

Ich sage meinen Arhats, dass die Zeit nur ein altersschwacher und gebrechlicher Greis ist, von dem wir uns befreien müssen …

Ich sage meinen Arhats, dass das Ego-Manas sich vom Gewicht der Jahrhunderte befreien muss.

In der kausalen Ebene befinden sich das Gedächtnis der Natur und das unerträgliche Gewicht der Jahre.

Im Laufe der Zeit hat sich der menschliche Wille gewöhnt, unaufhörlich auf die irdischen Dinge zu reagieren, verführt durch den menschlichen Verstand.

Im Lauf der Zeitalter hat der menschliche Wille sich von den irdischen Dingen beeinflussen lassen …

Die Erinnerung an die Vergangenheit und die Vorurteile verwandelten den menschlichen Willen in eine selbstschützende Barriere, in der die menschliche Seele gefangen blieb.

All diese Vorurteile versklavten den menschlichen Willen durch die irdischen Dinge.

Das Gewicht der Jahrhunderte, betagt, gebrechlich und degeneriert, versklavte die Seelen.

Die Vorurteile und der Staub der Jahre entstellten den menschlichen Willen und verwandelten ihn in ein schreckliches Ungeheuer im Dienst des Verstandes und der Begierde.

Jetzt wird die fünfte Schlange den menschlichen Willen von den irdischen Dingen befreien …

Jetzt wird der menschliche Wille den Staub aus seinen grauen Haaren schütteln und sich in die Willenskraft Christi verwandeln.

Jetzt wird der menschliche Wille nur den Befehlen des Innersten gehorchen, weil die göttliche Dreieinigkeit sich schon von den vier Körpern der Sünde befreit hat.

Im Lauf der Äonen haben die Angst und die Suche nach Sicherheit den Willenskörper versklavt und ihn in eine Barriere des persönlichen Selbstschutzes verwandelt.

Die Angst und das Streben nach Sicherheit haben den menschlichen Willen in ein armes Opfer der vier Körper der Sünde verwandelt.

Das Gewicht der Vergangenheit, der Staub der Jahre mit all seinen alten Vorurteilen, hat den menschlichen Willen in einen erbärmlichen Sklaven der irdischen Dinge verwandelt.

Der Augenblick ist gekommen, den menschlichen Willen von den schrecklichen Vorurteilen und dem schrecklichen Vorfahren der Angst und des Verlangens zu befreien.

Freue dich, oh Buddha, denn dein menschlicher Wille verwandelt sich jetzt in die Willenskraft Christi. Der Augenblick ist gekommen, den menschlichen Willen von den alten Ängsten der Vergangenheit zu befreien.

Tausende von unwissenden Schriftstellern haben unzählige Bände über die Willenskraft geschrieben, aber wer von ihnen hat jemals über die Willenskraft Christi gesprochen?

Paul Jagot, Atkinson, Mesmer, Marden, usw., die so viel über den Willen gesprochen haben, waren nichts als schwarze Magier, Scharlatane und Betrüger, die nur versuchten, den Willen der Menschen zu versklaven, indem sie ihn in den Dienst der niederen Leidenschaften und der irdischen Dinge stellten.

Krishnamurti war nichts als ein unwissender Analphabet, der nur die menschliche Willenskraft sah, aber nicht die Willenskraft Christi.

Krishnamurti verachtete den armen Gefangenen, aber war nicht in der Lage, ihn von den schmerzenden Fesseln zu befreien. Krishnamurti studierte nur die Gefängnisse des Willens, war aber nicht in der Lage, dem armen Gefangenen die Türen zu öffnen.

Diese Türen des armen Gefangenen können wir nur mit der Kundalini des Willenskörpers öffnen.

Nur wenn wir durch die Türen des Olin eintreten, können wir die Ketten zerreißen, die den menschlichen Willen durch die irdischen Dinge gefangen halten.

Nur der Schlüssel von Kundalini erlaubt uns, die Schlösser des finsteren Gefängnisses zu öffnen, in dem der menschliche Wille gefangen ist.

Wir müssen die Dornenkrone auf unser Haupt setzen. Das heilige Tuch, das göttliche Gesicht mit seiner Dornenkrone, stellt die Willenskraft Christi dar.

Das heilige Schweißtuch oder das heilige Tuch, auf dem das Gesicht Christi abgebildet ist, symbolisiert die Willenskraft Christi.

Als die heiligen Frauen mit dem heiligen Tuch das Gesicht Christi reinigten, waren sie furchtbar erstaunt, als sie das Gesicht des Meisters auf dem heiligen Tuch abgebildet sahen …

Mit diesem Wunder zeigte uns der Märtyrer der Schädelstätte den Weg der Christifizierung des Willens.

Der Wille muss vor der Majestät des Innersten niederknien.

Der Wille muss nur dem Innersten gehorchen.

Der Wille, der den vier Körpern der Sünde gehorcht, lebt als Gefangener in den Ketten des Kummers.

„*Mein Vater, wenn es möglich ist, lasse diesen Kelch an mir vorübergehen, aber nicht mein Wille, sondern dein Wille geschehe.*"

Der menschliche Wille muss die Dornenkrone auf sein Haupt setzen.

Die Willenskraft Christi folgt nur dem Willen des Vaters, sowohl im Himmel als auch auf Erden.

Die Willenskraft Christi rebelliert gegen die irdischen Dinge, denn sie folgt nur dem Willen des Vaters.

Christus beugte sich weder vor Pilatus noch beugte er das Knie vor Kaiphas, denn die Willenskraft Christi kniet nur vor dem Willen des Vaters nieder.

Die Willenskraft Christi ist heldenhaft, die Willenskraft Christi verbeugt sich und kniet nur vor dem Willen des Vaters nieder.

Die Willenskraft Christi kniet nur vor dem Vater nieder. Der Wille Christi ist Opfer und Sohnesliebe zum Vater.

Die Willenskraft Christi ist der Sohn, der kosmische Christus, der Märtyrer der Schädelstätte in uns, das göttliche Antlitz, das auf dem heiligen Tuch abgebildet ist.

Kapitel III

Probistmus

Probistmus ist die Wissenschaft, die die mentalen Essenzen studiert, die den Verstand gefangen halten.

Probistmus ist jene innere Weisheit, die uns erlaubt, die Gefängnisse des Verstandes zu studieren.

Probistmus ist jene reine Wissenschaft, die uns erlaubt, die Fehler des individuellen Verstandes gründlich kennenzulernen.

Der Buddha, der seine fünfte Schlange durch den Stab erhebt, muss den Probistmus gründlich studieren, um den Zug der menschlichen Evolution auf der spiralförmigen Bahn des Lebens weise zu lenken.

Probistmus ist die Wissenschaft der *esoterischen Prüfungen.*

Jeder Buddha sollte den Probistmus studieren.

Das buddhische Selbstverständnis und die buddhische Selbstreflexion erlauben, nützliche Konzepte in unsere Intuition zu übermitteln, die sich in göttliche Eingebungen verwandeln.

So bereitet ihr euch vor, meine Brüder, um Hierophanten der höheren Mysterien zu werden.

Der Verstand des Menschen muss sich von jeder Art von Schulen, Religionen, Sekten, politischen Parteien, Vaterlandskonzepten, usw. befreien.

Der menschliche Verstand muss sich von der Angst und vom Verlangen befreien.

Der menschliche Verstand muss sich von der Sammelleidenschaft, der Anhänglichkeit, dem Hass, dem Egoismus, der Gewalt, usw. befreien.

Der Verstand muss sich von den Prozessen des Denkens befreien, die den Verstand durch den Kampf der Antithesen teilen.

Ein Verstand, der durch den deprimierenden Prozess des Wählens geteilt ist, kann dem Innersten nicht als Instrument dienen.

Wir müssen den Vorgang des Denkens gegen die Schönheit des Verständnisses tauschen.

Der Vorgang der konzeptionellen Wahl teilt den Verstand und daraus entstehen die falsche Handlung und die unnötige Anstrengung.

Die Wünsche des Verlangens sind Hindernisse für den Verstand ...

Diese Hindernisse bringen den Menschen dazu, jede Art von Fehlern zu begehen, deren Ergebnis das Karma ist.

Die Angst verursacht im Verstand den Wunsch nach Sicherheit.

Der Wunsch nach Sicherheit versklavt den Willen und verwandelt ihn in einen Gefangenen der selbstschützenden Barrieren, in denen sich das ganze menschliche Elend versteckt.

Die Angst verursacht jede Art von Minderwertigkeitskomplexen.

Die Angst vor dem Tod bewirkt, dass die Menschen sich bewaffnen und sich gegenseitig umbringen.

Der Mensch, der einen Revolver am Gürtel trägt, ist ein Feigling, ein Angsthase.

Der tapfere Mann trägt keine Waffe, weil er vor niemandem Angst hat.

Die Angst vor dem Leben, die Angst vor dem Tod, die Angst vor dem Hunger, die Angst vor dem Elend, die Angst vor der Kälte und vor der Nacktheit erzeugt jede Art von Minderwertigkeitskomplexen.

Die Angst erzeugt im Menschen Gewalt, Hass, Ausbeutung, usw.

Der Probistmus ist die Wissenschaft, die den Hierophanten der höheren Mysterien erlaubt, den Grad der erreichten Evolution jedes Schülers zu erkennen.

Jeder Buddha muss den Probistmus gründlich studieren, um die Gefängnisse des Verstandes vollständig zu verstehen.

Der Verstand des Menschen wandert von Gefängnis zu Gefängnis und jedes Gefängnis ist eine Schule, eine Religion, ein falsches Konzept, ein Vorurteil, ein Wunsch, eine Meinung, usw.

Der menschliche Verstand muss lernen, vollständig ruhig zu fließen, ohne den schmerzhaften Prozess des Nachdenkens, der ihn durch den Kampf der Antithesen teilt.

Der Verstand muss wie ein Kind werden, damit er dem Innersten als Instrument dienen kann.

Wir müssen immer in der Gegenwart leben, denn das Leben ist nur ein ewiger Moment.

Wir müssen uns von jeder Art von Vorurteilen und Wünschen befreien.

Wir sollen uns nur durch die Impulse des Innersten bewegen.

Wir müssen uns mit den Rechten von „Canchorrita" zufriedengeben.

Die Ansprüche von „Canchorrita" sind: Essen, Kleidung und Unterkunft.

Auf dem Planeten Venus lebt eine sehr evolutionierte Menschheit.

Die Bewohner der Venus, des Morgensterns, sind wahre Künstler.

Jede Familie auf Venus baut ihr schönes Haus, ihren Gemüsegarten und ihren Garten.

Dies ist die kosmische Ordnung; wenn die Bewohner der Erde sich dieser kosmischen Ordnung unterwerfen, werden die wirtschaftlichen Probleme der Welt für immer verschwinden.

Das menschliche Wesen hat das Recht, anders zu leben, mit Würde und Schönheit, denn es ist kein Schwein, es muss sich jedoch mit den Rechten von „Canchorrita" zufriedengeben.

Die Habgier, der Zorn und die Lüsternheit haben ihre Wohnstätte im Verstand.

Die Habgier, der Zorn und die Lüsternheit führen die Seelen zum Avitchi.

Der Mensch ist nicht der Verstand. Der Verstand ist nur einer der vier Körper der Sünde.

Wenn der Mensch sich mit dem Verstand identifiziert, stürzt er in den Abgrund.

Der Verstand ist nur ein Esel, auf dem wir reiten müssen, um am Pfingstsonntag das himmlische Jerusalem zu betreten.

Man muss den Verstand durch den Willen lenken.

Wenn der Verstand uns mit unnötigen Vorstellungen belagert, sollen wir folgendermaßen zum Verstand sprechen: „*Verstand, nimm diese Vorstellungen von mir, ich akzeptiere sie nicht, du bist mein Sklave und ich bin dein Herr.*"

Wenn der Verstand uns mit Reaktionen von Hass, Angst, Zorn, Begierden, Habgier, Lüsternheit, usw. bestürmt, sprechen wir folgendermaßen zum Verstand: „*Verstand, nimm diese Dinge von mir, ich akzeptiere sie nicht, ich bin dein Herr und du musst mir gehorchen, denn du bist mein Sklave bis zum Ende der Zeiten.*"

Jetzt brauchen wir Menschen mit Thelema, Menschen mit Willenskraft, die sich nicht vom Verstand versklaven lassen.

Der Buddha, der seinen Willen christifizieren will, muss den Probistmus gründlich studieren, um das Wesen des Verstandes, alle Gefängnisse des Verstandes, kennenzulernen.

Auf diese Weise kann der Hierophant der höheren Mysterien den Zug der menschlichen Evolution weise lenken.

Kapitel IV

Die erste Kammer

Deine fünfte Schlange ist eingetreten in den ersten Wirbel des Willenskörpers, die erste Karte des Tarot.

Ein herrlicher Tempel mit einem großen Altar, auf dem ein großes heiliges Tuch ausgebreitet ist, öffnet sich.

Die Henker peitschen dich aus, die wütenden Mengen schreien: Kreuzigt ihn, kreuzigt ihn, kreuzigt ihn!

Jetzt marschierst du, oh Buddha, mit deinem Kreuz auf den Schultern zum Kalvarienberg.

Die heiligen Frauen weinen neben dir, die Menschen steinigen dich und die Dornenkrone sticht in deine schmerzenden Schläfen … Vergib den Menschenmengen und segne sie …

In den Tempeln erklingt herrliche Musik mit süßen Melodien.

Die Schlange des Willenskörpers hat ihren Weg zum Kalvarienberg begonnen und du hast den ersten Grad der Willenskraft Christi erreicht, den Magier des Tarot.

Wir haben sieben heilige Schlangen: zwei Gruppen mit je drei und der siebten Feuerzunge als Krönung, die uns mit dem Einen, mit dem Gesetz und mit dem Vater vereint.

Diese sieben heiligen Schlangen gehören den sieben Körpern des Menschen an.

Als wir Elementargeister waren, hatten wir diese sieben Schlangen durch den Stab erhoben, aber als wir von der Frucht des verbotenen Baums aßen, stiegen die sieben Schlangen herab und blieben im Zentrum des Steißbeins eingeschlossen und gefangen.

Jetzt muss der Mensch seine sieben Schlangen durch den Stab erheben, so wie es Moses in der Wüste tat.

Die Schlangen werden sich der Reihe nach erheben.

Die erste Schlange erhebt sich mit der ersten Einweihung der höheren Mysterien, die zweite Schlange mit der zweiten Einweihung, die dritte Schlange mit der dritten Einweihung, die vierte mit der vierten Einweihung, die fünfte mit der fünften Einweihung, die sechste mit der sechsten Einweihung und die siebte mit der siebten Einweihung.

Jeder einzelne unserer Körper der Sünde muss durch einen Körper der Schönheit ersetzt werden.

Mit der Schlange des physischen Körpers erschaffen wir den Körper der Befreiung aus dem reinsten Moschus.

Mit der Schlange des ätherischen Körpers erschaffen wir das Soma Puchicon oder den goldenen Körper.

Mit der Schlange des Astralkörpers bilden wir das Christus-Ich. Mit der Schlange des Mentalkörpers bilden wir den Christus-Verstand.

Auf diese Weise ersetzen die Körper der Befreiung, das Soma Puchicon, das Christus-Ich und der Christus-Verstand den physischen, den vitalen, den astralen und den mentalen Körper.

Auf diese Weise erneuert das Feuer alle Dinge, und der himmlische Mensch ersetzt den irdischen Menschen.

Die sieben Schlangen erheben sich durch ihren Stab, wenn man mit der priesterlichen Ehefrau die sexuelle Magie praktiziert.

Es darf eine sexuelle Vereinigung geben, aber es darf nicht ein einziger Tropfen Samen verschüttet werden.

Das gezügelte Verlangen lässt unsere Samenflüssigkeit nach oben zum Kopf steigen und wir verwandeln uns in allmächtige Götter des Universums.

Auf diese Weise erheben wir unsere sieben Schlangen durch den Stab, so wie es Moses in der Wüste tat.

Aber die ledigen Männer und Frauen wandeln ihre sexuellen Energien durch Musik, durch Glauben, durch Gebete und der Liebe zu Gott und den Nächsten um.

Die Ledigen lassen jede ihrer sieben Schlangen mit der Kraft des Opfers aufsteigen. Die sexuelle Abstinenz ist ein gewaltiges Opfer.

Nur der Pfad der Keuschheit und Heiligkeit führt uns zu den großen Verwirklichungen.

Nur der Pfad der Vollkommenheit, der selbstlose Dienst für die leidende Menschheit führt uns in das unglaubliche Glück des Nirvanas.

Meine Brüder, seid rein, seid vollkommen und seid keusch in Gedanken, Wort und Werk!

Schreite voran, oh Buddha, schreite voran, mit dem Kreuz auf dem Rücken zum Kalvarienberg des Vaters … Du hast die Reise begonnen mit der ersten Tarotkarte.

Kapitel V

Die zweite Kammer

Die sexuelle Alchemie aktiviert gewaltige kosmische Kräfte, die uns Eintritt in jede einzelne der dreiunddreißig heiligen Kammern des Willenskörpers ermöglicht.

Schreite voran, oh Buddha, schreite voran, die Finsteren versperren dir den Weg, besiege sie, mein Bruder, besiege sie mit der gehärteten Klinge deines Schwertes!

Das unaussprechliche Licht möge erstrahlen in deinem eigenen Raum.

Lass deine Schuhe vor dem Raum und tritt ein, oh Buddha!

Deine fünfte Schlange ist eingetreten in den zweiten Wirbel der Wirbelsäule des Willenskörpers.

Die Priesterin des Tarot.

Die Karte zwei.

Eine herrliche Musik erklingt sanft in den göttlichen Räumen des Tempels.

In der Welt der natürlichen Ursachen herrscht Freude.

Das ist die geheime Weisheit der zweiten Karte des Tarot.

Der Willenskörper verwandelt sich in die Willenskraft Christi.

Das Ego-Manas befreit sich von den materiellen Dingen.

Die Willenskraft Christi gehorcht immer dem Vater.

Der menschliche Wille muss sich von allen Arten der Begrenzungen befreien.

Der Wille muss sich von allen Arten von Vorurteilen befreien.

Der Wille muss sich von allen Voreingenommenheiten befreien.

Der Wille darf nicht nur als Mauer der Angst weiter existieren.

Der Wille darf nicht länger den Begierden unterworfen sein.

Der menschliche Wille muss sich in die Willenskraft Christi umwandeln, um das Leben in seiner freien Bewegung zu verstehen.

Der Wille darf nicht nur ein Instrument der Angst sein.

Der Wille darf nicht weiter versklavt werden, von den Vorurteilen, die mit dem Staub der Jahrhunderte vermischt sind.

Der Wille muss sich in ein Kind verwandeln.

Das Ego-Manas muss lernen, immer in der Gegenwart zu leben, weil das Leben ein ewiger Augenblick ist.

Der Wille muss sich von den irdischen Dingen befreien und sich vollständig in die Arme des Vaters begeben.

Schreite voran, oh Buddha, schreite voran.

Kapitel VI

Die dritte Kammer

Das heilige Feuer des Willenskörpers ist jetzt in die dritte Kammer der Wirbelsäule eingetreten.

Eine seltsame Trompete erklingt.

Geh jetzt, oh Buddha, geh mit deinem Guru …

Empfange im Tempel die Rune Hagal, mein Bruder, den Stern mit sechs Spitzen, den göttlichen Atem der heiligen Musik Gottes.

Der heilige Stern erstrahlt in unaussprechlichem Glanz.

Du bist in das Reich der Musik eingetreten.

Wundervolle Melodien erklingen in den göttlichen Räumen der kausalen Welt.

Herrliche Symphonien, die man mit menschlichen Worten nicht beschreiben kann.

Du bist jetzt der Schule der Musik der kausalen Welt oder Welt der Willenskraft beigetreten, mein Bruder.

Ein großer Lehrer der Musik leitet diese heilige Schule.

Dieser Meister der Musik heißt dich willkommen.

Dieser Lehrer ist ein Genius der göttlichen Kunst, der im Tempel der Musik wirkt.

Sein langes graues Haar und sein Gesicht, das einem Blitz gleicht, enthüllt die Majestät Gottes.

Alle Schüler dieser heiligen Schule der Musik sind Buddhas.

Nun drückt der alte Lehrer liebevoll deine Hand und lehrt dich einen geheimen Gruß, mit dem sich die Adepten untereinander erkennen.

Die Willenskraft Christi ist unaussprechliche Musik.

Die Welt der Willenskraft ist die der Musik.

Die Musik schenkt der Willenskraft die unaussprechliche Harmonie der Götter.

Die Musik und der Wille bilden eine Verbindung der Liebe, die mit menschlichen Worten nicht zu beschreiben ist.

Die Musik schenkt dem Willen die ethnische Gesamtheit der Schönheit.

Die Musik schenkt dem Willen die Harmonie des großen kosmischen Tonumfangs.

Die willentlichen Handlungen der Musik sind so harmonisch und erhaben wie die Bewegungen der Sterne im Weltraum.

Solange der fünfte Grad der Macht des Feuers noch nicht in die dritte Kammer der Wirbelsäule des Willenskörpers eingetreten ist, sind die willentlichen Handlungen noch nicht mit den schwingenden Harmonien der erhabenen kosmischen Symphonien im Einklang.

Der Wille, der von der Musik entfernte ist, ist rau und grob wie die Zärtlichkeiten einer wilden Katze.

Wenn das heilige Feuer jedoch in die dritte Kammer der Wirbelsäule des Willenskörpers eingetreten ist, werden die willentlichen Handlungen zu wahren lebendigen Symphonien.

Die Willenskraft Christi besitzt die Majestät eines Sturms und die Liebe des Morgensterns.

Die Musik schenkt dem Willen die Eurythmie eines Apollo und die Schönheit der Venus von Milo.

Der Wille der Musik ist der Phallus der Götter.

Die Meister der Musik sind die Säulen des Tempels des lebendigen Gottes.

Die Musik erzeugt so vollkommene Handlungen wie die Harmonien des kosmischen Tonumfangs.

Das ganze Universum ist der Tempel der Musik.

Arthur Schopenhauer versteht in seinem Buch mit dem Titel „*Die Welt als Wille und Vorstellung*“ die Natur als Vorstellung des Willens.

Er vergaß jedoch, dass der Wille Musik ist. Jede lebendige Blume, der Atem eines jeden Vogels und die im Schoß der Erde versteckte Liebe ist die lebendige Inkarnation der Musik.

Jeder Gegenstand in der Natur hat seine Schlüsselnote und die Gesamtheit all dieser Noten bildet jenen herrlichen Ton der großen Mutter, die im feurigen Weltraum mit dem chinesischen Kung erklingt.

Als Joseph die Posaune spielte, stürzten die Mauern Jerichos ein, weil er die Schlüsselnote dieser unbesiegbaren Mauern traf.

Ein besänftigendes Wort beschwichtigt den Zorn und unhöfliche Worte zerreißen die Harmonie des kosmischen Tonumfangs und schaffen Unordnung.

Die unaussprechlichen Orchester des Tierkreises erklingen in der Welt der Willenskraft und tragen uns bis zum höchsten Gipfel des Samadhi.

Die großen Rhythmen des Feuers erschaffen die Tänze der Sterne im unermesslichen Raum.

Der Wille der Musik erhält den Fluss und Rückfluss des Lebens und bewegt das Pendel der unendlichen Existenzen während des Mahamvantara.

Das Wort ist im Herzen jeder Lotusblume und im Puls allen Lebens inkarniert.

„Im Anfang war das Wort, und das Wort war bei Gott, und das Wort war Gott.

Im Anfang war es bei Gott.

Alles ist durch das Wort geworden und ohne das Wort wurde nichts, was geworden ist.

In ihm war das Leben und das Leben war das Licht der Menschen.

Und das Licht leuchtet in der Finsternis und die Finsternis hat es nicht erfasst.

Es trat ein Mensch auf, der von Gott gesandt war; sein Name war Johannes.

Er kam als Zeuge, um Zeugnis abzulegen für das Licht, damit alle durch ihn zum Glauben kommen.

Er war nicht selbst das Licht, er sollte nur Zeugnis ablegen für das Licht. Das wahre Licht, das jeden Menschen erleuchtet, kam in die Welt.

Er war in der Welt und die Welt ist durch ihn geworden, aber die Welt erkannte ihn nicht. Er kam in sein Eigentum, aber die Seinen nahmen ihn nicht auf.

Allen aber, die ihn aufnahmen, gab er Macht, Kinder Gottes zu werden, allen, die an seinen Namen glauben, die nicht aus dem Blut, nicht aus dem Willen des Fleisches, nicht aus dem Willen des Mannes, sondern aus Gott geboren sind.

Und das Wort ist Fleisch geworden und hat unter uns gewohnt und wir haben seine Herrlichkeit gesehen, die Herrlichkeit des einzigen Sohnes vom Vater, voll Gnade und Wahrheit.“ (Vers 1 – 14, Kapitel 1, Johannes)

Die Musik ist der Wille Gottes. Die Musik ist die Willenskraft Christi. Die klassische Musik erzeugt Universen und erhält Sonnen während des großen kosmischen Tages.

Man gerät beim Hören von Kompositionen wie den neun Symphonien Beethovens in Verzückung.

Man ist sprachlos, wenn man sich von den Noten Mozarts, Chopins und Liszt verzücken lässt.

Jede korrekte Handlung ist Musik des Lichtes.

Jede falsche Handlung ist verhängnisvolle Musik.

Negative Musik wie Mambo, Guaracha, Porro, Cumbia, usw. ist höllische Musik, Musik des Abgrunds, die nur Unzucht, Ehebruch, Hass, Gelage, Trinkfeste, Verbrechen, usw. hervorruft.

Damit beweisen wir, dass der Wille Musik ist und dass jede Handlung ein Kind der Musik ist.

Die Kriegsmärsche putschen die Menschen auf und verleiten sie zu Gewalt.

Die Trauermärsche füllen die Augen mit Tränen und erzeugen Verwirrung und Leid.

Die menschlichen Worte sind gesprochene Musik, manchmal süß und besänftigend wie himmlische Melodien, manchmal satanisch und misstönend wie höllische Noten.

Das gesprochene Wort ist eine schreckliche Waffe, sowohl für das Gute als auch für das Schlechte.

Als die Menschheit Eden noch nicht verlassen hatte, sprach sie nur die Sprache des Lichtes, die sich wie ein goldener Fluss sanft in den dichten Wäldern der Sonne ausbreitete.

In dieser unbeschreiblichen Sprache der Götter spricht die ganze Natur in der unaussprechlichen Tiefe der Musik.

Das Wort der Götter ist heilige Musik.

Diese göttliche Sprache hat ihr heiliges Alphabet und dieses heilige Alphabet sind die göttlichen Runen (siehe „Die feurige Rose" desselben Autors).

Der schöpferische Kehlkopf ist das Sexualorgan der Willenskraft Christi.

Die Sprache der Götter ruft die Welten ins Leben.

Die Sprache der Götter ist die Willenskraft Christi.

Die heiligen Mantrams Chis, Ches, Chos, Chus, Chas entwickeln und entfalten die Chakras des Astralkörpers vollständig.

Chis für die Hellsichtigkeit.

Ches für die Hellhörigkeit.

Chos für das Herz.

Chus für den Solarplexus.

Chas für die Lungenchakras.

Unsere Schüler werden diese Mantrams täglich eine Stunde singen, damit sie die Chakras ihres Astralkörpers entwickeln und die inneren Welten wahrnehmen können.

Die Vokale dieser Mantrams müssen richtig ausgesprochen werden, damit sie ein positives Ergebnis erzeugen.

Man muss den Ton so lange wie möglich halten.

Man muss das „s" wie einen sanften Zischlaut aussprechen, ähnlich dem von Druckluftbremsen; ein langer Ton, ein Zischlaut.

So sollten sie ausgesprochen werden:

Chiiiiiiiiiiiiiiiiiiiiiiissssssssssss

Cheeeeeeeeeeeeeeeesssssssssssss

Chooooooooooooossssssssssss

Chuuuuuuuuuuuuuuuusssssssssss

Chaaaaaaaaaaaaaaaassssssssssss

Mit dieser Erklärung wollen wir sagen, dass der Klang jedes einzelnen Mantrams Chis, Ches, Chos, Chus, Chas verlängert werden soll.

Damit versteht man, dass der Klang dieser Mantrams verlängert wird, indem man die Vokale und den Zischlaut „s" verlängert.

Die mächtigen Mantrams der großen Sprache des Lichts entwickeln die Chakras des Astralkörpers unserer Schüler vollständig.

Das goldene Wort erklingt in allem Erschaffenen.

Das goldene Wort ist die Willenskraft Christi.

Freue dich, oh Buddha, denn jetzt hast du den Tempel der Musik betreten.

Studiere mit Geduld die göttliche Kunst der Musik.

Von diesem Augenblick an lehrt euch der Lehrer dieser heiligen Schule die Musik des Willens.

Die Musik des Willens ist die Willenskraft Christi.

Die Willenskraft Christi ist das Wort.

Die Willenskraft Christi ist Musik.

Christus war die Inkarnation des Wortes.

Das Wort wurde Fleisch und lebte unter uns.

Es kam zu den Seinigen, aber die Seinigen empfingen es nicht.

„Und das Licht erstrahlt in der Finsternis; aber die Finsternis hat es nicht verstanden."

Kapitel VII

Die Umwandlung

Nun beschäftigen wir uns mit dem Arkanum 21 des Tarot.

Wenn wir diese Zahlen zusammenzählen, erhalten wir die Zahl 3, welche dem dritten Grad des Willenskörpers angehört.

Das ist die heilige Kammer des Tempels der Musik.

Die Umwandlung des Wassers in Wein in der Matrix unseres eigenen organischen Laboratoriums ist nur möglich, indem wir den animalischen Trieb durch die Willenskraft-Musik bändigen.

Wir wissen bereits, dass der Wille Musik ist und deshalb bestätigen wir, dass die Willenskraft-Musik uns erlaubt, unseren Samen in christliche Energie umzuwandeln.

Somit ist die Sexualmagie himmlische Musik, eine wunderbare Melodie, die den Samen in den Wein des Lichtes des Alchemisten umwandelt.

Wenn wir daran denken, dass wir nur durch die Willenskraft den Sexualakt zügeln können, um das Wasser in Wein umzuwandeln, dann kommen wir zu dem logischen Schluss, dass die Musik das Einzige ist, was uns die geheimen Kammern der Wirbelsäule öffnen kann.

Wir dürfen jedoch keinen Abgrund zwischen der Musik und dem Willen schaffen, denn Musik und Wille sind dasselbe.

Die sexuelle Alchemie ist nur möglich, wenn wir lernen, die Lyra unseres Willens zu spielen.

Das ist das Arkanum 21 des Tarot. Das ist der dritte Grad der fünften Schlange. Die Musik verwandelt die Menschen in Götter.

Jene Menschen, die noch willensschwach sind, sollen täglich die Rune Thorn singen.

Diese Übung wird ausgeführt, indem der Schüler seine rechte Hand auf die Hüfte legt und dann die Silben Ti-Te-To-Tu-Ta ausspricht und den Klang jedes Vokals verlängert.

Dann spricht er das Mantram Thorn so aus:

Toooooooorrrrrrrrrnnnnnnn.

Mit dieser Anweisung wollen wir bestätigen, dass der Klang jedes Buchstabens verlängert werden soll.

Wir wissen, dass die Sexualmagie sehr mühselig und sehr schwer für willensschwache Menschen ist, und deshalb raten wir unseren Schülern, zuerst die Übungen der Rune Thorn zu praktizieren, um die Willenskraft zu erlangen, welche ihnen dann erlaubt, die Sexualmagie heldenhaft zu praktizieren.

Die Willenskraft-Musik wirkt auf unser Wasser (Samen) und verwandelt es in christische Energie, d. h. in den Wein des Lichtes des Alchemisten.

Die Rune Thorn ist solar und wird vom Sternzeichen Waage regiert. Wir wissen bereits, dass das Sternzeichen Waage die Nieren regiert.

In unseren Nieren gibt es zwei Chakras, die unseren Keuschheitsgrad oder unseren Grad an animalischer Unzucht registrieren.

Deshalb sagt die Bibel Folgendes:

„Aber ich werfe dir vor, dass du das Weib Isebel gewähren lässt; sie gibt sich als Prophetin aus und lehrt meine Knechte und verführt sie, Unzucht zu treiben und Fleisch zu essen, das den Götzen geweiht ist.

Ich habe ihr Zeit gelassen, umzukehren; sie aber will nicht umkehren und von ihrer Unzucht ablassen.

Darum werfe ich sie auf das Krankenbett und alle, die mit ihr Ehebruch treiben, bringe ich in große Bedrängnis, wenn sie sich nicht abkehren vom Treiben dieses Weibes.

Ihre Kinder werde ich töten, der Tod wird sie treffen und alle Gemeinden werden erkennen, dass ich es bin, der Herz und Nieren prüft, und ich werde jedem von euch vergelten, wie es seine Taten verdienen.“ (Off. 2: 20 – 23)

Der Hellsichtige kann in den Chakras der Nieren bei einem Unzüchtigen ein schmutziges Rot und bei einem Keuschen ein makelloses Weiß erkennen.

Die Farbe der Rune Thorn ist orange, grün und gelb.

Der Edelstein dieser Rune ist der Karneol und das Metall ist das Gold.

Die Willenskraft-Musik ist das heilige Arkanum der Umwandlung.

Die Musik erlaubt uns, das Wasser in Wein umzuwandeln.

Die dritte Kammer unserer fünften Schlange ist der unaussprechliche Tempel der Musik.

Kapitel VIII

Die vierte Kammer

Ein wundervolles Orchester erklingt in der Welt der natürlichen Ursachen.

Tritt ein in den Tempel, oh Buddha, damit du deinen symbolischen Schild erhältst.

Das heilige Feuer deiner fünften Schlange ist in die vierte Kammer deines Willenskörpers eingetreten.

Hisse deine Fahne, siegreicher Imperator!

Wohne dem Abendmahl des Lichtes bei, oh Buddha!

Das vierte Arkanum ist der Imperator des Tarot und es ist gerecht, dass du deinen Schild empfängst und dass du deine Fahne hisst, damit du in der Welt des Willens regierst.

Das ist die Fahne der Jungfrau.

Das ist die Fahne der Göttin Natur, Isis, Adonia, Astarte.

Eins ist der Vater, zwei die Mutter, drei der Sohn und vier die Familie.

Die Fahne der großen Göttin ist das Symbol der universalen Familie, ist das Symbol des Erschaffenen.

Der numerische Wert des aztekischen Zeichens Olin ist vier.

Vereine in dir, oh Buddha, die vier Eigenschaften der Sphinx.

Du hast die Intelligenz der Götter, die Unerschrockenheit des Löwen, die Ausdauer des Ochsen und die majestätischen Flügel des Geistes.

Kapitel IX

Wille und Verlangen

Wille und Verlangen sind die zwei Pole ein und derselben Sache. Der Wille ist positiv und das Verlangen ist negativ.

Viele verwechseln den Willen mit dem Verlangen und das Verlangen mit dem Willen.

Wille und Verlangen sind jedoch die zwei Pole, der positive und der negative Pol des Menschen.

Nun musst du, oh Buddha, das Gefühl des Verlangens mit dem Gefühl des Willens tauschen.

Vor langer Zeit hast du das Verlangen aufgegeben, aber jetzt musst du selbst die Erinnerung an das Verlangen vergessen.

Früher praktiziertest du den Ritus der Sexualmagie mit dem feurigen Antrieb des Verlangens.

Jetzt, oh Buddha, musst du den Ritus der Sexualmagie ohne den feurigen Antrieb des Verlangens praktizieren.

Früher hast du das Verlangen durch den Willen beherrscht und jetzt hat das Verlangen in dir kein Recht mehr zu existieren.

Man muss nicht nur das Verlangen aufgeben, sondern auch damit aufhören, das Verlangen hervorzurufen.

Das Hervorrufen des Verlangens muss sich in die Willenskraft Christi verwandeln.

Die Schüler dürfen die Sexualmagie nur praktizieren, wenn sie den feurigen Antrieb des Verlangens nicht fühlen.

Aber du, oh Buddha, darfst dein Ritual der Sexualmagie nur mit der Willenskraft des Gefühls, welche die Willenskraft Christi ist, praktizieren.

Der Willenskörper hat seine eigenen Gefühle, die nichts mit den Gefühlen des Körpers des Verlangens zu tun haben.

Die Willenskraft des Gefühls ist das Gefühl des Geistes, ist das Gefühl Christi.

Das Gefühl des Willenskörpers hat nichts mit dem Gefühl der vier Körper der Sünde zu tun.

Das Gefühl des Willenskörpers ist das Gefühl des Geistes.

Das Gefühl des Willenskörpers ist das Gefühl Christi.

Das Gefühl des Geistes ist Fülle, Licht und Göttlichkeit.

Das Gefühl des Willens ist positiv, das Gefühl des Verlangens ist negativ.

Der Buddha praktiziert seinen Ritus der Sexualmagie mit der Willenskraft Christi und nicht mit dem Verlangen.

Die Frau ist unsere Priesterin, mit der wir das Wasser in Wein umwandeln und unsere sieben Schlangen durch den Stab erheben, so wie es Moses in der Wüste tat.

Die Frau ist die Eingangstür zum Garten Eden, die Frau ist der schönste Gedanke des Schöpfers.

Die Sexualmagie führt uns zu den großen kosmischen Verwirklichungen.

Kapitel X

Die Aspekte des Willens

Der menschliche Wille zeigt sich in den verschiedensten Aspekten. Jetzt musst du die verschiedenen Aspekte des Willens verstehen, oh Buddha!

Die höheren Sphären der sozialen Welt sind voller Unzucht und Schmutz.

Hast du dieses Spiel der Damen in der Welt des Adels gesehen, oh Buddha?

In jedem Raum ist ein unzüchtiges Paar und vor jeder Tür eine Dame, die das Weggehen des Paares verhindert.

Jetzt, mein Bruder, wirst du verstehen, wie wir uns durch das Spiel mit dem Willen in einen Gefängniswärter fremder Willen verwandeln.

Jetzt, mein Bruder, wirst du verstehen, wie die Gesellschaftsspiele des Adels dazu dienen, die Seelen in ihren schrecklichen Gefängnissen der Unzucht und des Ehebruchs zu versklaven.

Du siehst, mein Bruder, wie man mit Gesellschaftsspielen die Seelen versklaven kann.

Jetzt, oh Buddha, verstehst du die schreckliche Macht des Willens.

Der Wille ist eine explosive Kraft, mit der man nicht spielen darf.

Im Spiel schlägt eine Dame die andere und verwandelt sich in ihre Gefängniswärterin.

Indem sie Gesellschaftsspiele spielen, begehen die Damen Ehebruch.

Die Gesellschaftsspiele der hohen Gesellschaftsschichten sind reine und wahrhaftige schwarze Magie.

Mit Gesellschaftsspielen verführen die Seelen andere Seelen und nehmen ihnen ihre Freiheit.

Der Wille ist eine sehr gefährliche Kraft, mit der man nicht spielen darf.

Du hast gesehen, oh Buddha, was Provokation ist.

Du hast raffiniert Versuchungen besiegt.

Du hast verstanden, mein Bruder, was der richtige Gebrauch des Willens bedeutet.

Du hast verstanden, dass du den freien Willen der Anderen respektieren sollst.

Du hast gelernt, den Willen der Anderen nicht zu nötigen.

Große Menschenmengen folgen dir, oh Buddha, aber du musst den menschlichen Willen respektieren.

Du musst der Diener der leidenden Menschheit sein, aber kein Sklaventreiber des fremden Willens.

Man muss den freien Willen der anderen respektieren, um den menschlichen Willen in die Willenskraft Christi zu verwandeln.

Kapitel XI

Die fünfte Kammer

Tritt ein in den Tempel der Musik, oh Buddha, damit du deine Lektionen erhältst!

Die Sonne des Vaters strahlt in all ihrem Glanz.

Ein Vögelchen fliegt sanft durch den Wald und singt.

Erhebe deine fünfte Schlange zum fünften Wirbel deines Willenskörpers.

Tritt ein in deine fünfte Kammer, um dein Fest zu feiern.

Du hast gelernt, den Willen anderer zu respektieren. Das ist die Karte V des Tarot: der Hierarch.

Du hast schon den Defekt der Eifersucht bezwungen, weil du, oh Buddha, gelernt hast, den Willen anderer zu respektieren.

Du hast gelernt, den Willen deiner Familienangehörigen und den Willen aller lebendigen Wesen zu respektieren.

Jetzt verstehst du, mein Bruder, was es heißt, den freien Willen der anderen zu respektieren.

Das Feuer reinigt nach und nach den Kausalkörper oder Willenskörper.

Es ist unmöglich, den physischen Körper oder den Vital-, Astral-, Mental-, Kausalkörper oder unsere buddhischen oder atmischen Vehikel zu reinigen, ohne die wundervolle Kraft des Feuers.

Diejenigen, die darauf warten, zuerst den Verstand zu reinigen, um dann anzufangen, Sexualmagie zu praktizieren, gleichen dem törichten Müllmann, der den Müll beseitigen will, ohne ein Feuer zu machen.

Mit dem Feuer verbrennen wir den Abfall und reinigen unsere inneren Vehikel. Das Feuer entzündet sich jedoch nur, wenn wir die Sexualmagie praktizieren.

INRI (Ignis Natura Renovatur Integram). Das Feuer erneuert unaufhörlich die Natur.

Kapitel XII

Die sechste Kammer

Dein heiliges Feuer hat die sechste Kammer der Wirbelsäule des Willenskörpers erreicht.

Ungeheuere kosmische Mächte durchströmen dein Sein.

Sieh, oh Buddha, diese unaussprechliche Dame, die dich hinter dem Gitter beobachtet.

Es ist die schöne Helena … um die die Helden des alten Troja kämpften.

Um sie kämpften die berühmtesten Krieger des antiken Hellas.

Es ist die schöne Helena, um die der berühmte Krieger Achilles zu Füßen der Mauern Trojas kämpfte.

Sie ist dein Buddhi, deine diamantene Seele, die die Willenskraft Christi durchdrungen hat.

Tritt ein in den Tempel, mein Bruder, um die Hochzeit mit der schönen Helena zu feiern.

Ein Hochzeitsmarsch erklingt im Tempel: das ist die Karte VI des Tarot (der Liebende).

Jetzt, oh Buddha, vermählst du dich mit der schönen Helena.

Die schöne Helena ist dein höchstes Bewusstsein, das von deinem Gott in den finsteren Wassern des Weltraums gezeugt wurde.

Atma-Buddhi ist der innere Meister.

Jetzt, oh Buddha, hast du dich im Geist und in der Wahrheit bis zur schönen Helena erhoben.

Ich sage meinen Arhat, dass das Ego-Manas sich bis zum Atma-Buddhi erheben muss, um mit ihm zu verschmelzen.

Ich sage meinen Arhat, dass der menschliche Wille allmächtig wird, wenn er mit dem inneren Meister verschmilzt.

Ich sage meinen Arhat, dass, wenn das Ego-Manas mit dem Atma-Buddhi verschmilzt, es alle himmlischen Kräfte des Innersten bekommt und allmächtig wird.

Ich sage meinen Arhat, dass die fünfte Einweihung der großen Mysterien die erste Einweihung des Nirvana ist.

Ich sage meinen Arhat, dass die fünfte Schlange die dritte Schlange ist, wenn wir beim Atman beginnen zu zählen und bei Stula Sarira (dem physischen Körper) aufhören.

Ich sage meinen Arhat, dass es in jedem Buddha sieben Buddhas gibt.

Ich sage meinen Arhat, dass unsere ewige göttliche Triade Vater, Mutter, Kinder, Ehefrau, Geschwister sind, wenn sie sich selbst sucht und sich selbst verwirklicht.

Ich sage meinen Arhat, dass jeder Buddha seinen Boddhisattwa hat.

Ich sage meinen Arhat, dass der Boddhisattwa die menschliche Seele mit den seelischen Extrakten der vier Körper der Sünden ist.

Ich sage meinen Arhat, dass der Körper der Befreiung aus dem physischen Körper entsteht.

Ich sage meinen Arhat, dass der goldene Körper aus dem ätherischen Körper entsteht.

Ich sage meinen Arhat, dass die Christus-Seele aus dem Astralkörper entsteht: der innere Christus ist der Glorian, der strahlende Drache der Weisheit.

Ich sage meinen Arhat, dass wir den Christus-Verstand aus dem Mentalkörper erschaffen.

Auf diese Weise stärkt das untere Quartär die ewige göttliche Triade.

Durch die sexuelle Verbindung vermählen wir uns mit der schönen Helena.

All diese Arbeit ist eine Arbeit der Sexualmagie.

Die Sexualmagie verwandelt uns in Götter.

Der Innerste ist der Sohn des Christus-Ich.

Das Christus-Ich ist der Glorian jedes Menschen.

Der Glorian ist ein Funke, der von der zentralen Sonne losgelöst ist.

Die zentrale Sonne ist der große Atem.

Der große Atem ist das Heer der Stimme.

Das Heer der Stimme sind die göttlichen Wesen.

Die göttlichen Wesen sind der kosmische Christus, der solare Logos und das Wort.

Kapitel XIII

Die siebte Kammer

Erinnere dich, oh Buddha, an jene gewalttätigen Handlungen deiner vergangenen Leben.

Nun hast du gesehen, was der negative Gebrauch des Willens ist. Die Gewalt ist der negative Gebrauch des Willens.

Die Eifersucht kommt aus den niederen Welten des Verstandes und des Verlangens.

Der eifersüchtige Mann versklavt seine Frau und gebraucht seinen Willen auf schlechte Weise.

Niemand darf einen anderen versklaven.

Niemand darf den Willen eines anderen nötigen.

Man soll den freien Willen der anderen respektieren.

Die Frau sollte ihre häuslichen Pflichten nicht aufgrund der Nötigung durch den Willen ihres Mannes, sondern aufgrund des Glaubens an den Herrn erfüllen.

Die Frau, die ihre Freiheit missbraucht und zu Banketten, Besäufnissen, in Klubs, usw. geht, verfällt der schwarzen Magie.

Der Ehemann sollte seine Frau wie ein zerbrechliches Glas behandeln, aber ihren freien Willen respektieren, damit er ihren Willen nicht zu etwas nötigt.

„*Ihr Frauen, ordnet euch euren Männern unter, wie es sich im Herrn geziemt.*

Ihr Männer, liebt eure Frauen und seid nicht aufgebracht gegen sie!“ (Kolosser 3: 18-19)

Das Feuer ist in die siebente Kammer des Willenskörpers eingetreten.

Diese Kammer wird durch die siebte Karte des Tarot symbolisiert: den Kriegswagen.

Tritt ein in deine Kammer, um das Fest zu feiern, oh Buddha!

Kapitel XIV

Die achte Kammer

Nun hast du die achte Kammer der Wirbelsäule des Willenskörpers betreten, oh Buddha.

Das ist das achte Arkanum des Tarot: die Gerechtigkeit.

Wir müssen unseren Anklägern zu vergeben wissen.

Wir müssen jenen zu vergeben wissen, die uns verraten.

Wir müssen uns geduldig dem Gesetz und der Gerechtigkeit unterwerfen.

Die Prüfung der Gerechtigkeit ist schrecklich und sehr wenige bestehen sie.

Wer vor seinen Richtern und Anklägern protestiert, scheitert bei der Prüfung der Gerechtigkeit.

Wer vor seinen Richtern und Anklägern verzweifelt, scheitert bei der Prüfung der Gerechtigkeit.

Wir müssen gleichgültig bleiben vor dem Lob und dem Tadel, vor dem Sieg und der Niederlage.

„Ich bin nicht mehr, weil man mich lobt und nicht weniger, weil man mich tadelt, denn ich bin das, was ich bin.“ (Thomas von Kempis)

Das Feuer ist in deine achte Kammer eingetreten.

Tritt ein in diese Kammer, oh Buddha, um dein Fest zu feiern.

Das Feuer christifiziert vollständig deinen Willen.

Der menschliche Wille verwandelt sich in die Willenskraft Christi.

Kapitel XV

Die neunte Kammer

Nun erlebst du eine Periode der Einsamkeit, oh Buddha.

Die neunte Kammer ist die Karte neun des Tarot: der Einsiedler.

„Ich bin allein, ich bin Gott und wo ich bin, gibt es Götter.“

Es ist wirklich schwer, in diese Kammer einzutreten.

Du musst ausdauernd und entschieden sein, oh Buddha, dann wirst du diese Kammer mit Geduld öffnen.

Die Zahl neun ist die Zahl der Einweihung.

Die Zahl neun ist das Maß des Menschen.

In Wirklichkeit sind wir eins und nichts.

In Wirklichkeit gibt es nur ein Sein, das sich wie viele ausdrückt.

Wir sind alle in allen und wir sind nur einer in der Ewigkeit.

Die Funken lösen sich von den Flammen, um sich als Meister zu verwirklichen und kehren zu den Flammen zurück, und die Flammen sind in den Flammen in den Tiefen des Atman, dem Unbenannten, dem universalen Geist des Lebens, der sich wie Viele ausdrückt, das Wort.

„Ich bin allein, ich bin Gott und wo ich bin, gibt es Götter.“

Jedes menschliche Wesen ist im Grunde ein Stern.

In jedem menschlichen Wesen gibt es einen göttlichen Funken, der sich von einer unaussprechlichen Flamme losgelöst hat.

Diese Flamme ist das Christus-Ich.

„Bevor sich der Funken aus der Flamme löst, war er die Flamme selbst.“

Kapitel XVI

Die zehnte Kammer

Kennst du, oh Buddha, den Schmerz, das Liebste zu verlieren?

Weißt du, oh Buddha, was es bedeutet, das, was wir am meisten lieben, zu verlieren?

Das Rad des Schicksals dreht sich unaufhörlich und wir drehen uns viele Male mit dem Rad.

Das ist die Karte zehn des Tarot: die Vergütung.

Siehst du, oh Buddha, diesen riesigen Abgrund?

Siehst du diese uneinnehmbaren Felsen und diesen erschreckenden Abgrund?

Der Meister steht am Rand des Abgrundes und das Rad des Schicksals dreht sich viele Male; der Demütige wird gepriesen und der Gepriesene wird gedemütigt.

Mein Vater, lass mich nicht in den Abgrund fallen, lass mich nicht aus dem Licht hinaustreten!

Eine Kammer öffnet sich, tritt ein mein Bruder in den Tempel, der in den lebendigen Felsen dieses schrecklichen Abgrunds eingebettet ist.

Die Tür des Tempels öffnet sich langsam und erzeugt ein tiefes und geheimnisvolles Geräusch; tritt ein, oh Buddha, tritt ein in deine Kammer, um dieses wundervolle Fest zu feiern.

Oh Buddha, du siehst den schrecklichen Abgrund.

Der Meister steht immer am Rand eines Abgrundes und sogar die Engel selbst können fallen.

Du siehst, oh Buddha, was die sexuelle Alchemie ist, deine fünfte Schlange erhebt sich durch den feinen Rückenmarkskanal deines Kausalkörpers, je nachdem wie intensiv du die Sexualmagie mit deiner Frau praktizierst.

Vorwärts, oh Buddha, vorwärts und verzage nicht!

Kapitel XVII

Die elfte Kammer

Das heilige Feuer hat die elfte Kammer der Wirbelsäule des Willenskörpers betreten.

Drei weiße, runde Karten fallen auf den Boden.

Drei ist die Zahl der himmlischen Mutter. Elf ist auch die Zahl der himmlischen Mutter.

Das Arkanum elf des Tarot symbolisiert die Überzeugung.

Diese Karte wird von einer weiblichen hieratischen Figur dargestellt, die mit ihren zarten Händen das schreckliche Maul eines Löwen öffnet.

Jetzt, oh Buddha, verstehst du, was die Überzeugungskraft ist.

Tritt ein in den Tempel, mein Bruder, um das Fest zu feiern.

Eine herrliche Musik erklingt mit ihren sanften Melodien im ewigen Chor der Unendlichkeit.

Sei kein Tyrann, warnt dich ein großer Hierophant.

Jetzt verstehst du, dass die Willenskraft Christi niemanden tyrannisiert.

Die Willenskraft Christi ist wundervolle Musik, die sich mit der himmlischen Kraft der Überzeugung behauptet.

Die Willenskraft Christi ist keine Tyrannei.

Die Willenskraft Christi ist die bewusste Überzeugungskraft innerhalb der zarten Symphonien des universalen Feuers.

Empfange dein Juwel am Finger des Merkurs und erinnere dich an die gewaltige Kraft der Überzeugung, oh Bruder.

Kapitel XVIII

Die zwölfte Kammer

Das Feuer ist die zwölfte Kammer der Wirbelsäule eingetreten.

Diese Kammer stellt das Apostolat des Tarot dar: das Opfer.

Der Apostel hängt an einem Seil über der Tiefe des Abgrunds.

Der Meister ist an den Füßen aufgehängt, geopfert von der Menschheit.

Die Willenskraft Christi ist Opfer. Die Willenskraft Christi ist Apostolat.

Das Arkanum Zwölf bedeutet Opfer.

Die Einweihungen sind Bezahlungen, die der Mensch erhält, wenn ihm etwas geschuldet wird.

Wem nichts geschuldet wird, dem wird nichts bezahlt.

Die inneren Kräfte werden dem Menschen verliehen, um ihm das zu zahlen, was ihm geschuldet wird.

Dem, der am großen Werk des Vaters arbeitet, wird gezahlt, was man ihm schuldet.

Jedes Opfer im großen Werk repräsentiert eine Schuld, die die Hierarchien dem Apostel bezahlen müssen.

Der Vater bezahlt seine Söhne immer.

Den Buddhas wird ihre Arbeit bezahlt.

Jede Einweihung in das Nirvana sind Bezahlungen, die die Buddhas bekommen.

Ein wunderschöner Garten erstrahlt in den Welten des Lichtes; tritt ein in den Tempel, oh Buddha, um das Fest in der zwölften Kammer der Wirbelsäule des Willenskörpers zu feiern.

Kapitel XIX

Die dreizehnte Kammer

Das heilige Feuer ist in die dreizehnte Kammer der Wirbelsäule des Willenskörpers eingetreten.

Das dreizehnte Arkanum des Tarot ist der Tod und die Ewigkeit.

Man muss sterben, um zu leben, man muss alles verlieren, um alles zu gewinnen.

Man muss für die Welt sterben, um für den Vater zu leben.

Ein goldener Vogel fliegt im unendlichen Weltraum.

Es gibt Blitze und schreckliche Mächte.

Oh Buddha, man verleiht dir gewaltige göttliche Kräfte.

Jetzt bist du mächtig.

Das Reich der Macht, die Allmacht der Göttlichkeit, strahlt erschreckend inmitten von Blitzen.

Tritt ein in den Tempel, oh Buddha, um das Fest zu feiern.

Kapitel XX

Die vierzehnte Kammer

Das heilige Feuer hat die vierzehnte Kammer der Wirbelsäule des Kausalkörpers betreten.

Es ist das Arkanum der Mäßigung, das Arkanum vierzehn des Tarot.

Die Keuschheit, die Mäßigkeit.

Tritt ein in den Tempel, mein Bruder, um dein kosmisches Fest zu feiern.

Jetzt singst du im Duett mit dem anderen Bruder vor dem Altar Gottes.

Mein Bruder, verstehe das heilige Symbol all dessen!

Eine herrliche Musik erklingt mit den himmlischsten Melodien in den göttlichen Hallen.

Bilde eine Kette im Tempel, Bruder meiner Seele.

Kämpfe mit festen und entschlossenen Schritten auf deinem feurigen Weg.

Kapitel XXI

Die fünfzehnte Kammer

Deine fünfte Schlange ist in die fünfzehnte Kammer des Willenskörpers eingetreten.

Das ist das Arkanum fünfzehn des Tarot: Typhon Bafomet.

Das ist die Karte der Leidenschaft.

Einen gewaltigen Kampf gegen die Versuchungen musstest du ertragen, oh Buddha, aber du bist siegreich daraus hervorgegangen.

Du hast keinen Ehebruch und keine Unzucht begangen und hast gesiegt.

Du hast dich nicht vom Zorn verführen lassen.

Du hast der fleischlichen Leidenschaft nicht nachgegeben.

Du bist ein Sieger.

Höre mein Bruder, diese dumpf tönenden Instrumente, die den tiefsten Ton erzeugen, der Baphomet entspricht; tritt ein, mein Bruder, tritt ein in den Tempel, damit du dein erstes Fest des Baphomet erhältst, und tritt dann noch einmal ein, damit du das zweite Fest mit der höchsten Note erhältst.

Der Baphomet gibt die tiefste und die höchste Note.

Der Baphomet hat zwei Feste.

Der Baphomet ist ein Mysterium der Alchemie.

Man muss dem Teufel das Feuer rauben, man muss den Duft aus der Rose extrahieren, aus dem Lehm der Erde. (Siehe „Abhandlung über die sexuelle Alchemie“ desselben Autors)

Der Körper deiner Willenskraft wird sich Schritt für Schritt mit dem Feuer christifizieren.

Dein menschlicher Wille wird sich in die Willenskraft Christi verwandeln.

Empfange dein kleines Schwert auf der Brust.

Diese kleine Brosche in Form eines Schwertes stellt den Grad des Typhon Baphomet dar.

Auf dem Friedhof ist das Grab, wo der Körper deiner animalischen Leidenschaften begraben wurde.

So wird der Willenskörper mächtig.

So christifiziert sich der Willenskörper.

So verwandelt sich das Ego-Manas in Feuer.

Das Feuer verwandelt alles, das Feuer reinigt alles.

Das Mysterium des Baphomet ist sexuelle Alchemie.

Kapitel XXII

Die sechzehnte Kammer

Deine fünfte Schlange ist in die sechzehnte Kammer eingetreten.

Diese Kammer ist der eingestürzte Turm des Tarot.

Du hast die unterschwelligen Gefahren gesehen, die die Finsteren dir in den Weg legten!

Mein Bruder, du hast die Adepten der linken Hand gesehen, die dich niederschmettern wollten.

Die Brüder des Schattens haben dir hinterlistig gesagt, dass du kein Adept mehr seiest, dass du deinen lichtvollen Fortschritt unterbrochen hättest.

Und diese Magier des Schattens haben dir mit diesen raffinierten Worten zugesetzt, um dich im sechzehnten Arkanum niederzuschmettern.

Du bist in die dichte Finsternis eingetreten, um ihnen das Licht zu entreißen und nach so vielen Kämpfen und so vielen Anstrengungen bist du in die Kammer sechzehn getreten.

Tritt ein in den Tempel, mein Bruder, um das Fest zu feiern.

Nähere dich dem Altar, wo zwei Vasen mit großen roten Rosen glänzen.

Eine herrliche und sanfte Musik erklingt in den göttlichen Hallen.

Wunderbare Symphonien feiern deinen Sieg.

Dein Turm konnte nicht von den Finsteren gestürzt werden.

Er steht majestätisch und seine unbesiegbaren Mauern trotzen den Stürmen des Abgrunds.

Kapitel XXIII

Die siebzehnte Kammer

In den Weiten des Weltraums erklingt ein Horn.

Der Stern der Hoffnung leuchtet.

Deine fünfte Schlange hat die siebzehnte Kammer deiner Wirbelsäule betreten.

Das ist das Arkanum siebzehn des Tarot.

Eine wundervolle Musik erklingt in den göttlichen Hallen.

In allen Tempeln wird gefeiert und es herrscht Freude und der Stern der Hoffnung leuchtet.

Schreite voran, mein Bruder, schreite voran und verzage nicht.

Kapitel XXIV

Die achtzehnte Kammer

Dein heiliges Feuer hat die achtzehnte Kammer deiner Wirbelsäule betreten.

Das ist die Karte achtzehn des Tarot: die Dämmerung.

Das ist das Arkanum achtzehn.

Zwei Pyramiden, eine weiße und eine schwarze symbolisieren die große Schlacht zwischen den Mächten des Lichtes und den Mächten der Finsternis.

Zwei Hunde, ein weißer und ein schwarzer heulen den Mond an.

Das Arkanum achtzehn repräsentiert die geheimen Feinde.

Mein Bruder, du hast deine geheimen Feinde schon gesehen.

Viele dieser Feinde sind grundlose Feinde.

Andere Feinde aber haben geheime Rachegefühle wegen des Übels, das du ihnen angetan hast.

Diese Kammer ist sehr schwierig.

Du hast unsäglich gekämpft, oh Buddha, aber schließlich bist du eingetreten.

Du bist in einer Versammlung mit vier Meistern.

Du bist der vierte, oh Buddha!

Ein großer Meister lässt deine fünfte Schlange in die achtzehnte Kammer aufsteigen.

Innerlich strahlt dein Kopf durch das versengende Feuer.

Tritt ein in den Tempel, um das Fest zu feiern, mein Bruder.

Deine fünfte Schlange steigt langsam.

So christifizierst du deinen Willen.

Kapitel XXV

Die neunzehnte Kammer

Die Mitternachtssonne leuchtet in der Aura des Vaters.

Im Tempel feiert man ein Fest.

Vor dem Altar sehen wir viele Pflanzen mit wunderschönen Blüten.

Wir haben den göttlichen Wagen erreicht.

Eine blaue Lampe strahlt im Heiligtum.

Ein Adept entzündet eine Flamme unter der Lampe und das göttliche Blau dieser herrlichen Lampe steigt durch die feine Schnur auf, an der die Lampe hängt.

Deine fünfte Schlange ist noch eine Kammer aufgestiegen und du bist in das Arkanum neunzehn des Tarot eingetreten.

Dieses Arkanum ist der Wagen des Pharao.

Dieses Arkanum ist die Karte der Inspiration.

Dieses Arkanum ist solar.

Die Sonne der göttlichen Könige, die Sonne der Siege, die Sonne der Wahrheit, leuchtet heiß.

Das Arkanum neunzehn ist das Arkanum der Präsidenten, der Könige und der Regierungen.

Oh Buddha, jetzt hast du gesehen, dass du ein König der Könige der Welt bist.

Oh Buddha, jetzt hast du gesehen, dass du ein Herrscher bist, der die Regierungen beherrscht.

Und trotzdem kennen die Regierungen der Erde dich nicht …

Die Fahne des Sieges flattert.

Auf der rechten Seite deines Kopfes leuchtet ein Diadem mit drei Diamanten.

Du weißt es …

Herrliche Orchester erklingen im unendlichen Weltraum.

Die Massen grüßen dich.

Mein Bruder, widme dich den Ärmsten.

Die Menschen warten auf deine Worte.

Sprich vor diesen Menschenmengen, die dir begeistert zujubeln.

Jetzt weißt du, dass du gebietest.

Du bist ein unsichtbarer König und die Nationen gehorchen dir.

Du bist ein wahrer Herrscher, der die Macht hat, andere Herrscher zu beherrschen.

Die Menschen wissen das nicht.

Du weißt es.

Du hast über das internationale Recht gesprochen.

Die begeisterten Menschenmengen applaudieren dir.

Du hast einige vergangene Handlungen aus vergangenen Leben überprüft.

Vergangene Epochen und Taten, die mit der Regierung eines Landes in Zusammenhang stehen, in dem du inkarniert warst.

Das Gesetz des Karma webt alles sehr weise.

Schreite voran, guter Buddha, schreite voran.

Ich sage meinen Buddhas, dass jeder Buddha seinen inneren Christus hat, den Glorian.

Der strahlende Drache der Weisheit, der in sich selbst inkarnieren muss, um sich zu befreien.

Kapitel XXVI

Die zwanzigste Kammer

Wir haben das Arkanum zwanzig des Tarot erreicht.

Das ist die Karte der Auferstehung.

Man muss sterben, um zu leben.

Man muss den Tod am Kreuz sterben, um von den lebenden Toten aufzuerstehen.

Das Leben ernährt sich vom Tod.

Der Tod arbeitet für das Leben.

In jeder Einweihung stirbt etwas in uns und etwas wird in uns geboren.

Der irdische Mensch muss sterben, damit der himmlische Mensch sich glorifiziert.

Das heilige Feuer hat die zwanzigste Kammer betreten.

Tritt ein, mein Bruder, um das Fest zu feiern.

Kapitel XXVII

Die einundzwanzigste Kammer

Ein strahlender Stern leuchtet im unendlichen Weltraum.

Dein Guru streckt den Stab aus und das heilige Feuer tritt in die einundzwanzigste Kammer des Tarot ein.

Dieses Arkanum ist die Transmutation.

Man muss das Chaos mit dem feurigen Wort befruchten, damit das Leben entsteht.

Man muss die Wasser des Weltraums mit dem heiligen Feuer befruchten, um das Universum zu erschaffen.

Man muss das Wasser in Wein umwandeln.

Das Chaos ist der Samen, der in unseren Sexualdrüsen eingeschlossen ist.

Man muss das Chaos mit dem Feuer befruchten, damit Leben entsteht.

Man muss die Metalle unserer Persönlichkeit auf das Rohmaterial des großen Werkes reduzieren, um sie in das reine Gold des Geistes, in den mit dem roten Diadem gekrönten König zu verwandeln.

Kapitel XXVIII

Die zweiundzwanzigste Kammer

Dein heiliges Feuer hat das zweiundzwanzigste Arkanum des Tarot betreten: die Rückkehr.

Wenn die Triade sich von dem unteren Quatärner mit all seinen seelischen Extrakten trennt, durchleben wir die feierlichste Enthauptung.

Die schwarzen Magier lauern dir jetzt auf, oh Buddha.

Ein Henker bringt dein Kreuz.

Dein Willenskörper wird stigmatisiert.

Lege dich auf dein Kreuz, oh Buddha.

Die Nägel durchbohren deine Handflächen und Fußrücken.

Dein Willenskörper wurde an sein Holz gekreuzigt.

Das ist dein fünftes Kreuz.

Dein menschlicher Wille wurde mit großem Schmerz gekreuzigt.

Die Prüfungen waren schrecklich, oh Buddha.

Du hast schon gelernt, dem Vater zu gehorchen, wie im Himmel so auf Erden.

Du hast schon gelernt, dem Gesetz zu gehorchen.

Du bist nicht in der Lage, die Gebote des Vaters zu überschreiten.

Du lenkst dein Schwert weise.

Du opferst dich für das große Werk des Vaters.

Dein Willenskörper hängt blutend an seinem Kreuz.

Du bist ein Erlöser der Welt.

Kapitel XXIX

Die dreiundzwanzigste Kammer

Das heilige Feuer hat die dreiundzwanzigste Kammer des Willenskörpers betreten.

Das ist das Arkanum des Bauers.

Indem man am großen Werk des Vaters arbeitet, christifiziert sich dein Willenskörper.

Reite auf deinem Pferd.

Du hast den Tempel erreicht.

Du bist siegreich.

Du hängst an deinem Kreuz und deine heiligen Stigmata bluten.

Dein Judas klagt dich an und der Tadel der Finsteren überschüttet dich.

Du wurdest für dreißig Silbermünzen verkauft.

Die zornigen Mengen verletzen dich und spotten.

Du hast gelernt, dem Vater zu gehorchen.

Dein Herz blutet schmerzhaft.

Diejenigen, die dich früher priesen, tadeln dich jetzt.

Sie haben dich verraten und verkauft.

Die Meister holen dich vom Kreuz, um das Fest zu feiern.

Reite nun auf deinem weißen Pferd und marschiere triumphierend mit der Kavallerie des Nirvana.

Kapitel XXX

Die vierundzwanzigste Kammer

Das heilige Feuer hat die vierundzwanzigste Kammer deines Willenskörpers betreten.

Die menschliche Seele stirbt und lebt.

Die menschliche Seele stirbt und steht von den lebenden Toten wieder auf.

Das ist das Arkanum der Weberin.

Vierundzwanzig setzt sich so zusammen: 2 + 4 = 6. Dreimal sechs ist die Zahl der Bestie.

Sechs ist die Zahl der großen Hure.

Sechs ist die Zahl der Ehe.

Sechs ist die Zahl des menschlichen Karma.

Sechs ist die Zahl des lunaren Karma.

Die menschliche Weberin, die große Hure, webt und trennt den Stoff ihres eigenes Schicksal in dieser Tränenwelt wieder auf.

Man hat dir Geld angeboten, oh Buddha, damit du dein Wissen prostituierst, und du hast es abgewiesen.

Man hat dir Unzucht angeboten und du hast sie zurückgewiesen.

Du willst nur dem Willen des Vaters folgen, wie im Himmel so auf Erden.

Du wirst mit großen Menschenmengen arbeiten.

Ich Aun Weor, bin Samael.

In mir hat sich mein planetarisches Sein, mein Christus-Ich, mein Glorian inkarniert.

In mir hat sich Samael, der planetarische Logos des Mars inkarniert.

Er wohnt in Mir und Ich in Ihm.

Wer auf mich hört, hört auf den, der mich geschickt hat, ich bin Samael.

Kapitel XXXI

Die fünfundzwanzigste Kammer

Dein heiliges Feuer hat die vierundzwanzigste Kammer der Wirbelsäule betreten.

Das ist das vierundzwanzigste Arkanum des Tarot: der Argonaut.

Du hast in der großen Schlacht gegen die Kräfte des Bösen gekämpft.

Auf deiner Arche segelnd hast du die großen Stürme überwältigt.

Die Kämpfe der inneren Welten sind wirklich gewaltig.

Der Argonaut wirft sich heldenhaft gegen die wildesten Wellen des Meers.

Der Sturm des wilden Meeres der Existenz tobt.

Der Sturm tobt und der Argonaut wirft sich gegen das Unwetter.

Tritt ein in den Tempel, oh Buddha, um das Fest zu feiern.

Kapitel XXXII

Die sechsundzwanzigste Kammer

Deine fünfte Schlange hat das Arkanum sechsundzwanzig des Tarot betreten: das Wunder.

Deine inneren Kräfte strahlen wunderbar.

Was du bist, ist etwas, was die Menschheit nicht verstehen würde.

Was du in den Flammen gelernt hast, sind Dinge, die die Menschen nicht verstehen können.

Predige das Licht in den Tempeln.

Zwei plus sechs ist gleich acht.

Das ist die Zahl des Hiob.

Du hast geduldig für die leidende Menschheit gelitten und jetzt erstrahlt das Wunder des Arkanum sechsundzwanzig.

Was du bist, würde die Menschheit nicht verstehen.

Nur du weißt, was die Welt des Nebels des Feuers ist.

Es lohnt sich, uns für das große Werk des Vaters zu opfern.

Kapitel XXXIII

Die siebenundzwanzigste Kammer

Dein heiliges Feuer hat jetzt die siebenundzwanzigste Kammer des Tarot betreten: das Unerwartete.

Diese Kammer hat eine gewaltige Explosionskraft.

Beim Erreichen dieser Kammer hat das heilige Feuer eine gewaltige Kraft entwickelt, die das Universum erzittern lässt.

Du siehst, mein Bruder, dass du deinen schweren Wagen ohne große Anstrengung anheben kannst.

Der Motor deines Wagens heult auf und entflammt schrecklich, wenn du den Buchstaben „O“ aussprichst.

Dieser Vokal gibt dir die Macht, deine vier Körper der Sünde zu beherrschen.

Mit diesem Vokal erreichen wir, dass die vier Körper der Sünde uns gehorchen.

Mit diesem Vokal beherrschen wir den irdischen Menschen. Mit diesem Vokal beherrschen wir den Esel. Du weißt es …

Eine Gruppe von Menschen bereitet sich darauf vor, eine explosive Mine zu sprengen.

Die Erde erzittert, eine Rauchwolke erhebt sich … Das ist das Unerwartete.

Der Skorpion stößt das Feuer aus. Die Explosion lässt die Erde erzittern.

Versengende Flammen umhüllen dich und man hört das süße und zarte Zischen des verlorenen Wortes.

Das heilige Feuer tritt ein in die Kammer siebenundzwanzig der Wirbelsäule deines Willenskörpers.

Jetzt arbeitest du mit den menschlichen Reinkarnationen.

Ihr müsst mit der evolutiven Welle bei den Prozessen, die mit dem Gesetz der Reinkarnation in Verbindung stehen, zusammenarbeiten.

Das ist eine gewaltige Verantwortung, oh Buddha.

Es gibt zwei Arten von Reinkarnationen:

Eine davon ist die der Tiere, die sich individualisieren, um zum ersten Mal in menschliche Organismen einzutreten.

Die andere ist die der Menschen, die ihren menschlichen Körper verlassen, um durch die Türen der Reinkarnation in einen neuen menschlichen Organismus zu treten.

Bei dieser Arbeit darfst du niemanden bevorzugen, oh Buddha.

Du darfst auch keine gefährlichen Versuche machen.

Du darfst keine gegensätzlichen Strömungen mischen.

Einem Körper, der eine Seele erhalten soll, die gerade aus dem tierischen Zustand gekommen ist, darf keine reinkarnierende menschliche Seele gegeben werden, denn diese Art der Bevorzugung ist ein Verstoß gegen das Gesetz.

Das Tier, das zu ersten Mal erwacht, um sich in einem menschlichen Körper zu inkarnieren, erhält ein besonderes Vehikel, das du respektieren musst.

Wenn du jedoch eine reinkarnierende menschliche Seele bevorzugen würdest und ihr ein Vehikel geben würdest, das für eine gerade aus dem Tierreich kommende individualisierte Seele vorgesehen ist, würdest du das Gesetz brechen und dir eine schwere karmische Schuld aufladen.

Deshalb darf es keine Bevorzugungen geben.

Ich sage allen Buddhas, dass wir keine gefährlichen Versuche machen und niemanden bevorzugen dürfen.

Ich sage meinen Arhats, dass sie diese Ideen verstehen sollen, während sie sich auf den Zustand des Buddhas vorbereiten.

Ich sage meinen Arhats, dass diese Gesetze der gesegneten Göttin Mutter der Welt gewaltig sind.

Ich sage den Buddhas, dass wir keine gefährlichen Versuche machen sollen, weil jeder Verstoß gegen das Gesetz Karma erzeugt.

Das geschieht auch mit jenen tierischen Organismen, die für pflanzliche Elementale vorgesehen sind, die den tierischen Zustand erreicht haben.

Wir dürfen keine gefährlichen Versuche machen.

Wir dürfen einem gerade Tier gewordenen pflanzlichen Elemental keinen Organismus geben, der von der Natur für ein anderes, aus dem Tierreich stammenden Elemental vorgesehenen ist.

Wir müssen jede Matrix respektieren.

Die für ein bestimmtes Wesen vorgesehene Matrix muss respektiert werden und darf nicht aus einer Laune heraus anderen Wesen übergeben werden.

Der Buddha, der diese Gesetze der Natur bricht, wird Karma bezahlen müssen.

So arbeiten wir Buddhas mit der gesegneten Mutter der Welt zusammen.

Wir müssen jedoch ihre Gesetze respektieren.

Kapitel XXXIV

Die achtundzwanzigste Kammer

Dein heiliges Feuer hat das Arkanum achtundzwanzig des Tarot betreten: die Ungewissheit.

Siehst du diese Menschenmassen, oh Buddha?

Sie schütten schmutziges Wasser auf dich und du wehrst dich nicht.

Sie werfen Schlamm auf dich und du wehrst dich nicht.

Sie beleidigen dich und du wehrst dich nicht.

Die Menschenmengen verabscheuen dich, oh Buddha.

Sie wollen dich mit dem Feuer ihres Zorns verbrennen und so schaden sie sich selbst.

Ihr eigenes Feuer verschlingt sie. Du weißt es.

Die kosmische Gerechtigkeit ist die höchste Barmherzigkeit und die höchste Unbarmherzigkeit des Gesetzes.

Zwei plus acht ist gleich zehn. Zehn ist das Schicksalsrad, das sich unaufhörlich dreht.

Zehn ist das Rad der Erkenntnis.

Das Schicksalsrad dreht sich unaufhörlich und das Feuer des Hasses verbrennt die Reichtümer der Bösewichte.

So erfüllt sich das Gesetz.

Tritt ein in den Tempel, um das Fest zu feiern, mein Bruder.

Kapitel XXXV

Die neunundzwanzigste Kammer

Das heilige Feuer hat jetzt die neunundzwanzigste Kammer des Tarot betreten: die Zahmheit.

Eine herrliche Musik erklingt in den heiligen Hallen dieser Kammer des Tempels.

Die Mauern deines Tempels wurden schon errichtet.

Jetzt musst du deinen heiligen Turm errichten.

So christifiziert sich dein Ego-Manas in der Welt des Willens.

Platon definierte das Ego-Manas als eine Verbindung des einen und des anderen.

In Wirklichkeit hat das Ego-Manas etwas von einem Menschen und etwas von einem Engel.

Das Ego-Manas ist ein Vermittler zwischen dem irdischen Menschen und dem Innersten.

Wenn das Ego-Manas lernt, den Willen des Vaters zu befolgen, sowohl im Himmel als auf Erden, dann versteht es den Willen des Vaters, es identifiziert sich mit dem Vater und christifiziert sich.

Der Innerste wird vom Feuer und von der Sonne symbolisiert; unser göttliches Bewusstsein wird vom Mond und von den Wassern des Meeres symbolisiert.

Das Ego-Manas ist der Sohn beider und er wird von der Luft repräsentiert.

Die solaren Engel, die Agniswattas gaben uns das Ego-Manas.

Das Ego-Manas ist der Sohn der Sonne und des Mondes.

Das Ego-Manas ist der menschliche Wille, der christifiziert werden muss, um die Verschmelzung mit dem Innersten zu erreichen.

Kapitel XXXVI

Die dreißigste Kammer

Du reist schnell im Zug der menschlichen Evolution, oh Buddha.

Du bist arm.

Man bietet dir illegale Möglichkeiten an, Geld zu bekommen, und du willigst nicht ein, oh Buddha.

Du bist obdachlos.

Tritt ein in dieses Restaurant, mein Bruder.

Hier bietet man dir eine Arbeit als Tellerwäscher an.

Nimm diese wundervolle Arbeit an, mein Bruder.

Eine einfache Arbeit ist besser, als Diebstahl oder Betrug.

Eine einfache Arbeit bringt große Verdienste in der menschlichen Evolution.

Die einfache Arbeit ist im Einklang mit der Hierarchie.

Du hast Hunger, oh Buddha.

Setze dich zum Essen an den Tisch der Diener.

Iss mit Demut, mein Bruder.

Eine Gruppe Bettler umgibt dich.

Teile dein Brot mit ihnen.

Einer der Schmutzigsten und Zerlumptesten nähert sich und bietet dir ein Stück Brot an; nimm es mit Demut an, mein Bruder, nimm es an, verachte den Armen nicht.

Ein Austausch von Liebe ist besser, als ein Handel mit Wucherern.

Du hast die Prüfung siegreich bestanden, oh Buddha.

Wenn du bei dieser Prüfung gescheitert wärst, wenn du den Armen verachtet hättest, wenn du dich von der Habgier hättest leiten lassen, dann wärst du bei diesem esoterischen Grad gescheitert.

Du hast gesiegt, oh Buddha, und dein heiliges Feuer hat die heilige Kammer des Wortes erreicht.

Das ist das dreißigste Arkanum des Tarot: der Austausch.

Aus dem Kelch erstrahlt das mit Dornen gekrönte Haupt.

Der menschliche Wille verwandelt sich vollständig in die Willenskraft Christi.

Jetzt hast du deine Mission erhalten, oh Buddha.

Das versengende Feuer deiner fünften Schlange erstrahlt im Chakra deines Kehlkopfs.

Du sprichst die Sprache des Lichtes, und deine Worte sind goldene Worte.

Kapitel XXXVII

Die einunddreißigste Kammer

Das heilige Feuer hat die einunddreißigste Kammer deiner Wirbelsäule betreten.

Du hast alle möglichen Proben bestanden und du bist siegreich daraus hervorgegangen.

Gehe mit dem Kind deines christifizierten Willens auf den Armen in Richtung der gnostischen Kirche.

Der Heiligenschein strahlt um deinen Kopf.

Tritt ein in den Tempel, um das Fest zu feiern, mein Bruder.

Das ist die einunddreißigste Karte des Tarot: Hindernisse.

Diese zwei Kinder symbolisieren zwei Wege, die sich wie das große „V“ von Victoria (Sieg) vor dir öffnen.

Du stehst vor zwei Wegen.

Einer dieser Wege ist der logoische Weg, der Weg des sternenbesäten Himmels, der spiralförmige Weg des Firmaments.

Der Andere ist der Pfad der langen und bitteren Pflichten, der uns bis zum Eingang des Absoluten führt.

Der Swami Vivekananda hat bereits gesagt, dass, wenn der Eingeweihte versucht, in das Absolute einzudringen, Götter erscheinen, die ihn versuchen und ihm anbieten, ihn zum König bestimmter Reiche des Universums zu machen, damit er sich nicht befreit.

Diese versuchenden Götter haben sich nicht befreien können, und weil sie sehr bedacht auf ihre eigene Hierarchie sind, führen sie den Wanderer in Versuchung, um ihn zu hindern, ins Absolute einzutreten.

Diese Wesen sind tausendmal gefährlicher als die Menschen.

Ein großer göttlicher Hierarch kommt, um dich am Ausgangspunkt der zwei Wege zu treffen.

Dieses Wesen ist von schrecklicher Erscheinung und es zeigt dir die zwei Wege.

Der nirvanische Weg ist eine gute Arbeit und der Weg des Absoluten ist eine höhere Arbeit.

Der nirvanische Weg folgt der Spirale des Lebens. Der Weg des Absoluten ist der Pfad der langen und bitteren Pflichten.

Der nirvanische Weg ist voller Paradiese.

Der Weg des Absoluten ist die Wüste der Götter.

Der nirvanische Weg ist ein Weg voller Glück und nach vielen Mahamvantaras befreien sich die Götter von ihren planetarischen Massen, um in das unglaubliche Glück des Absoluten einzutreten.

Es gibt jedoch Logoi wie den Gott Sirius, Herrscher von achtzehn Millionen Konstellationen, die es noch nicht erreicht haben, sich vom Kosmos zu befreien, um in das Absolute einzutreten.

Mein Bruder, du stehst vor einem pflichtbewussten Wächter des Kosmos, entscheide dich jetzt für einen der zwei Wege, entscheide dich, denke nicht weiter nach, denn es gibt keine Zeit mehr zum Nachdenken.

Dieser große Hierarch bietet dir die Herrlichkeiten der Unendlichkeit an, und weil er bedacht auf seine eigene Hierarchie ist, lädt er dich ein, den nirvanischen Weg zu betreten und warnt dich vor den Gefahren des Pfades der langen und bitteren Pflichten, der direkt ins Absolute führt.

Entscheide dich jetzt und schreite voran. Ich sage meinen Arhats, dass es besser ist, den Pfad der langen und bitteren Pflichten zu betreten.

Ich sage ihnen, dass uns der nirvanische Weg viele Paradiese bietet, aber er ist gefährlich.

Es gibt Millionen von Göttern voller schwerwiegender karmischer Verpflichtungen. Es gibt Millionen von Göttern, die noch nicht in das unaussprechliche Glück des Absoluten eintreten konnten.

Der Pfad der langen und bitteren Pflichten führt uns direkt zum unerschaffenen Licht des Absoluten.

Der Pfad der langen und bitteren Pflichten führt uns zum unglaublichen Glück des Nicht-Seins, das in Wirklichkeit das wahre Sein ist.

Der Pfad der langen und bitteren Pflichten führt uns in die tiefe Finsternis des Nicht-Seins.

In dieser tiefen Finsternis strahlt das unerschaffene Licht.

Auf dem Pfad der langen und bitteren Pflichten erwecken wir das Bewusstsein Ebene für Ebene, bis wir es vollständig im Absoluten erwecken.

Derjenige, der das absolute Bewusstsein erweckt, hört auf zu existieren und wird zum Sein.

Derjenige, der das absolute Bewusstsein erweckt, tritt ein in das unaussprechliche Glück des reinsten Paranishpana.

Derjenige, der das absolute Bewusstsein erweckt, ist ein Paramartasatya, der jenseits des Bewusstseins ist.

Das Absolute enthält den Wissenden, das Wissen und die Bekannte in einer vollständigen Einheit.

Das Absolute ist jenseits von Licht und Finsternis.

Das Absolute ist jenseits von Geist und Materie.

Das Absolute ist jenseits des Verstandes und jenseits der Stille und des Klangs und des Gehörs, um sie wahrzunehmen.

Das Absolute ist jenseits des Bewusstseins.

Die Aspekte des Absoluten sind: abstrakter Raum, Ewigkeit und Bewegung; es sind drei.

Die Leere, die Finsternis und das Nicht-Ich sind die absolute Einheit.

Jene Leere ist Fülle, jene Finsternis ist unerschaffenes Licht und jenes Nicht-Ich der Philosophie ist das Sein, ist das wahre Ich, ist der befreite Innerste.

Als die genaue Stunde des ersten Augenblicks schlug, kamen die leuchtenden Söhne der Morgendämmerung des Mahamvantara aus dem Schoß des Absoluten, weil sie das absolute Bewusstsein noch nicht erweckt hatten und das Absolute ohne das absolute Bewusstsein kein Glück ist.

Paranishpana (das Glück des Absoluten) ohne Paramarta (erwecktes Bewusstsein) ist kein Glück.

Wenn wir einen gewöhnlichen Menschen nach seiner Desinkarnierung in das Absolute bringen würden, würde sich dieser Mensch vor der tiefen Finsternis des Nicht-Seins und vor der fürchterlichen Leere des Nicht-Ich erschrecken und darum bitten, aus dem Absoluten wieder herausgenommen und auf die Welt gebracht zu werden.

Das Absolute ist nur absolutes Glück für die Paramartasatyas, für diejenigen, die sich vom Kosmos befreit haben und die das absolute Bewusstsein erweckt haben.

Indem das Feuer die chaotische Materie befruchtet, lässt es das kosmische Leben nach jeder tiefen Nacht sprießen.

Feuer und Wasser sind Vater und Mutter des Universums.

Das Feuer ist der maskuline Pol und das Wasser ist das feminine Prinzip.

Das Feuer wird von dem vertikalen Phallus dargestellt und das Wasser von der horizontalen Linie; beide zusammen bilden ein Kreuz.

Das Feuer, das das Wasser befruchtet, wird durch das Zeichen des Kreuzes symbolisiert.

Das Feuer ist der Vater und das Wasser ist die Mutter des Universums; beide zusammen bilden das Kreuz.

Das Universum ist der Sohn, der am Kreuz hängt.

Aus den Wassern des Chaos erhebt sich das Kreuz, an dem der Christus christifiziert ist.

Christus ist ein Paramartasatya.

Christus ist der einziggeborene Sohn.

Christus hat das absolute Bewusstsein.

Christus ist ein Bewohner des Absoluten.

Christus verließ das Absolute, um über den ganzen Kosmos zu herrschen.

Der Vater, von dem der Christus spricht, ist der Alte, das Sein.

Christus ist ein Vermittler zwischen den Menschen und dem Alten der Tage.

Dieser sprach zu Christus: „*Du bist mein Sohn, heute habe ich dich gezeugt.*

Du bist für immer Priester, entsprechend dem Orden des Melchisedek.“

„Nachdem Gott vorzeiten vielfach und auf vielerlei Weise geredet hat zu den Vätern durch die Propheten, hat er in diesen letzten Tagen zu uns geredet durch den Sohn, den er eingesetzt hat zum Erben über alles, durch den er auch die Welt gemacht hat.

Er ist der Abglanz seiner Herrlichkeit und das Ebenbild seines Wesens und trägt alle Dinge mit seinem kräftigen Wort und hat vollbracht die Reinigung von den Sünden und hat sich gesetzt zur Rechten der Majestät in der Höhe und ist so viel höher geworden als die Engel, wie der Name, den er ererbt hat, höher ist als ihr Name.

Denn zu welchem Engel hat Gott jemals gesagt: Du bist mein Sohn, heute habe ich dich gezeugt? Und wiederum : Ich werde sein Vater sein, und er wird mein Sohn sein? Und wenn er den Erstgeborenen wieder einführt in die Welt, spricht er: Und es sollen ihn alle Engel Gottes anbeten.

Von den Engeln spricht er zwar: Er macht seine Engel zu Winden und seine Diener zu Feuerflammen.

Aber von dem Sohn: Gott, dein Thron währt von Ewigkeit zu Ewigkeit, und das Zepter der Gerechtigkeit ist das Zepter deines Reiches.

Du hast geliebt die Gerechtigkeit und gehasst die Ungerechtigkeit; darum hat dich, o Gott, dein Gott gesalbt mit Freudenöl wie keinen deinesgleichen.

Und: Du, Herr, hast am Anfang die Erde gegründet, und die Himmel sind deiner Hände Werk.

Sie werden vergehen, du aber bleibst. Sie werden alle veralten wie ein Gewand; und wie einen Mantel wirst du sie zusammenrollen, wie ein Gewand werden sie gewechselt werden. Du aber bist derselbe, und deine Jahre werden nicht aufhören.

Zu welchem Engel aber hat er jemals gesagt: Setze dich zu meiner Rechten, bis ich deine Feinde zum Schemel deiner Füße mache?

Sind sie nicht allesamt dienstbare Geister, ausgesandt zum Dienst um derer willen, die das Heil ererben sollen?“ (Kapitel 1, Hebräer, Neues Testament)

Kapitel XXXVIII

Die zweiunddreißigste Kammer

Dein heiliges Feuer hat die zweiunddreißigste Kammer deiner Wirbelsäule betreten.

Das ist das Arkanum zweiunddreißig des Tarot: Herrlichkeit.

Du hast alle Prüfungen siegreich bestanden. Man hat dir Reichtümer, Vergnügen, Unzucht und irdische Herrlichkeit angeboten und du hast sie energisch zurückgewiesen.

Dieses Arkanum gehört dem Grad des Löwen des Gesetzes an.

Du bist gleichgültig gegenüber Lob und Tadel, Reichtum und Armut, Sieg und Niederlage.

Du hast gelernt, das Gute vom Bösen zu unterscheiden und das Böse vom Guten.

Du hast gelernt, das Schwert der kosmischen Gerechtigkeit zu gebrauchen.

Du hast alle Prüfungen siegreich bestanden.

Du hast gelernt, das Gerechte zu erkennen.

Die Gerechtigkeit ist jenseits von Gut und Böse.

Die Götter sind jenseits von Gut und Böse.

Die Gerechtigkeit schenkt unserem Bewusstsein das absolute Gleichgewicht und die perfekte Aufrichtigkeit.

Die Gerechtigkeit ist die höchste Barmherzigkeit und die höchste Unbarmherzigkeit des Gesetzes.

Die großen Hierarchen des Karma haben den Kopf eines Schakals mit Wolfsohren.

In der Konstellation des großen Drachens, die im Norden leuchtet, wohnen die Großen Herren des Karma, die Kontinente erheben und untergehen lassen und die die Menschen bestrafen.

Die sieben Plejaden regieren das Karma der Nationen.

Auf dem Polarstern des Nordens hausen jene, die Rassen gründen, die das Schicksal der menschlichen Rassen lenken.

All diese Wesen sind jenseits von Gut und Böse.

Du hast alle Herrlichkeiten der Erde, alles Vergnügen deiner Rasse zurückgewiesen und jetzt bist du ein Löwe des Gesetzes.

Tritt ein in den Tempel, mein Bruder, mit der Öllampe in deiner Hand!

Empfange dein Fest mit Freude.

Die Öllampe brennt immer vor dem Tuch der Veronika.

Dein menschlicher Wille verwandelt sich in die Willenskraft Christi.

Kapitel XXXIX

Die dreiunddreißigste Kammer

Das heilige Feuer hat das Arkanum dreiunddreißig des Tarot betreten: das Bündnis.

Das Ego-Manas hat sich mit der schönen Helena vermählt.

Du hast siegreich die Proben der Keuschheit bestanden.

Die Flügel des Merkur strahlen auf dem Altar des Tempels.

Das heilige Feuer lodert versengend in deiner Zirbeldrüse.

Jetzt wartest du nur noch auf die Verschmelzung des Ego-Manas mit der schönen Helena.

Warte geduldig auf die Einweihung.

Die Zahl 800 leuchtet über dem Altar.

Die Nummer acht wiederholt sich im Buddhi und im Atma und diese werden dir später die 888 geben, die die Zahl des solaren Logos ist.

Die weiße Taube des Heiligen Geistes leuchtet über deinem Kopf.

Das AOM erklingt in den Tiefen des Tempels.

Der Tempel ist voller Blumen und eine herrliche Musik erklingt in allen unendlichen Welträumen.

Der Wille des Sohnes und der Wille des Vaters haben sich jetzt vereint und der Sohn muss seine Krone zu Füßen des Lammes niederlegen.

Du bist geprüft und nochmals geprüft worden, und jetzt bist du vollständig auf die Einweihung vorbereitet.

Erwarte diesen glücklichen Augenblick, oh Buddha!

Kapitel XL

Das Zentrum des Brahmarandra

Das heilige Feuer hat jetzt das Zentrum des Brahmarandra erreicht.

Dieses Zentrum befindet sich in der Fontanelle der Neugeborenen.

Durch diese Tür tritt dein Feuer in die äußere Welt.

Das Feuer breitet sich in deiner Umgebung aus.

Der göttliche Rabbi aus Galiläa kommt zu dir, oh Buddha, um dich zu unterweisen.

In deinem Herzen leuchtet das Bild des Gekreuzigten.

Im Tempel erklingt unaussprechliche Musik mit den wundervollsten Melodien.

Du hast aus Liebe zur Menschheit auf das Glück des Nirvana verzichtet.

Der Bodhisattwa, der auf das Glück des Nirvana aus Liebe zur Menschheit verzichtet, wird dreimal ehrenhaft bestätigt und nach vielen Zeitaltern erlangt er am Ende das Recht, im Absoluten als Paramartasatya geboren zu werden.

Die Schutzmauer ist aus den Meistern des Mitgefühls, den Nirmanakayas, gebildet, aus denjenigen, die auf das Nirvana aus Liebe zur Menschheit verzichtet haben.

Diejenigen, die auf das Nirvana aus Liebe zur Menschheit verzichten, können ihren physischen Körper während des gesamten irdischen Zeitalters behalten.

Das ist das Elixier des langen Lebens.

Der Meister Moria besitzt einen physischen Körper von unzählbaren Zeitaltern.

Der Graf Saint Germain besitzt heutzutage denselben physischen Körper, mit dem man ihn im XVII. und XVIII. Jahrhundert in Europa kannte.

Wir alle, die Mitglieder des Heiligen Kollegiums unterstehen Sanat Kumara, dem Begründer des Heiligen Kollegiums der Eingeweihten der Universalen Weißen Bruderschaft.

Sanat Kumara lebt in einer Oase in der Wüste Gobi.

Dort hat er seinen Tempel.

Diese Oase war in früheren Zeiten eine heilige Insel im Pazifik.

Auf dieser heiligen Insel lebten große Erleuchtete der dritten Rasse.

Mit der Zeit zog sich das Meer zurück und heute ist diese heilige Insel eine Oase in der Wüste Gobi.

Dort wohnt Sanat Kumara mit einer Gruppe von großen Eingeweihten.

Die weiße Taube des Heiligen Geistes fliegt über deinem Kopf; freue dich über die Musik des Tempels.

Kapitel XLI

Das Stirnchakra

Das heilige Feuer hat jetzt die Stelle zwischen deinen Augenbrauen erreicht, wo das Stirnchakra leuchtet.

Das Kronenchakra ist jetzt vollständig mit dem Stirnchakra verbunden.

Ein Austausch von Strömungen zwischen der Zirbeldrüse und der Hypophyse erstrahlt glühend.

Die Hypophyse ist der Page und das Vorzimmer der Zirbeldrüse.

Die Zirbeldrüse ist das Auge von Dagma.

Das Auge von Dagma ist das einzigartige Auge, das bei der Verbindung von Buddhi und Ego-Manas erwacht.

Buddhi wurde uns von den Manas Putras, den großen Wesen von Merkur geschenkt.

Das Ego-Manas muss im Buddhi absorbiert werden.

Jetzt leuchtet das Auge von Dagma und sein Page, das Stirnchakra, erstrahlt zwischen den Augenbrauen.

Die Sonne strahlt und zerreißt die Wolken.

Drei Kinder knien nieder.

Der Tempel feiert ein freudiges Fest.

Sieben heilige Kammern verbinden den Kopf mit dem Herzen.

Kapitel XLII

Das Magnetfeld der Nasenwurzel

Das heilige Feuer hat jetzt das Magnetfeld der Nasenwurzel betreten.

Dieses Magnetfeld steht eng mit den solaren und lunaren Atomen in Verbindung.

Das reine Akasha, das durch die Schnur Brahmas zirkuliert, fließt durch dieses Magnetfeld der Nasenwurzel.

Die drei Arten von Atem des reinen Akasha steigen die Schnur Brahmas hinab, um sich mit den Samenatomen, die beim Zügeln des sexuellen Impulses aufsteigen, zu vereinen.

Wenn der Mann während der Praktiken der negativen sexuellen Magie den Samen ejakuliert, verbinden sich diese drei Arten von Atem mit den Atomen, die aus den eigenen Höllenwelten des Menschen stammen.

Nach einer Ejakulation nehmen die peristaltischen Bewegungen der Sexualorgane aus unseren eigenen atomaren Höllenwelten Billionen von dämonischen Atomen auf, die durch die Schnur Brahmas aufsteigen, um sich mit den drei Arten von Atem des reinen Akasha zu verbinden.

Auf diese Weise steigt Kundalini nicht durch das Rückenmark auf, sondern vom Steißbein nach unten und bildet den berühmten Schwanz der Dämonen.

Wenn wir jedoch den sexuellen Impuls zügeln, um die Samenejakulation zu vermeiden, steigen die Samenatome auf, um sich mit den drei Arten von Atem des reinen Akasha zu vereinen.

So erwacht Kundalini auf positive Weise und steigt durch das Rückenmark nach oben.

So verwirklichen wir uns als Meister des Mahamvantara.

In der Nasenwurzel treffen sich die solaren und lunaren Atome.

Dieses Magnetfeld zieht die besten Atome des Universums an, wenn wir ein reines und keusches Leben führen.

Ein Meister behandelt jetzt im Geheimen alle deine Zentren.

Das Stirnchakra und die Zirbeldrüse, d. h. die Epiphyse und die Hypophyse, sind wahre universale Welten, die leuchten, glänzen und strahlen.

Im Tempel wird das Fest dieser ersten heiligen Kammer gefeiert.

Von der Stirn zum Herzen gibt es sieben heilige Kammern, die den Kelch mit dem Herzen verbinden.

Kapitel XLIII

Die zweite Kammer

Das heilige Feuer hat die zweite heilige Kammer, die von der Stirn zum Herzen führt, erreicht.

Der Tempel, in dem du deine fünfte Einweihung der höheren Mysterien erhalten wirst, ist noch geschlossen und wartet auf den feierlichen Augenblick des Herzens.

Es ist ein riesiger Tempel.

Eine Adeptin öffnet die Tür des großen Klosters.

Tritt ein, oh Buddha, und warte auf die Stunde!

Es gibt ein Fest für den Sieg der neuen Kammer.

Hab Geduld, oh Buddha!

Kapitel XLIV

Die dritte Kammer

Das heilige Feuer hat jetzt die dritte Kammer des feurigen Weges, der von der Stirn zum Herzen führt, erreicht.

Eine Tür öffnet sich.

Tritt ein, mein Bruder, in die heilige Kammer.

In diesem Saal findet ein Fest der Götter statt.

Sprich mit deinem Vater im Himmel, feiere das Fest und freue dich mit den Göttern.

Der Körper deiner Willenskraft strahlt feurig.

Sprich mit deinem Guru und freue dich.

Schritt für Schritt nähert sich die große Stunde der Einweihung.

Denke daran, dass das Universum nichts als ein schwebender Schatten ist, und dass die göttlichsten Bewusstseinsebenen nichts als reine Schattenmassen vor der Herrlichkeit des unerschaffenen Lichtes des Absoluten sind.

Jetzt verkündet dein Guru dir, dass er mit dir verbunden ist, und dass er erwartet, dass du ihn vor dem Gesetz nicht enttäuschst.

Dein Guru ist dafür verantwortlich, dass du in den Mysterien bist.

Er muss sich vor dem Gesetz für deine Schritte verantworten.

Vergiss nicht, oh Buddha, dass die Buddhas auch fallen können.

Solange man sich nicht von der intrakosmischen Seele befreit hat, ist man immer in Gefahr zu fallen.

Dieses Universum existiert wegen des Karma und die Götter selbst existieren in diesem Universum wegen des Karma.

Als der kausale Logos seine elektrische Bewegung in der Morgendämmerung des Mahamvantara begann, hörte man nichts als das Weinen von Kindern, Flehen und Trübsal.

Die Götter weinten in der Morgendämmerung des Mahamvantara.

Der kausale Logos hat in seinem göttlichen Verstand alle karmischen Gründe, die die Existenz des Universums verursachten.

Als dieses große Wesen begann, sich über die Oberfläche der Wasser zu bewegen, gab es nichts als Weinen und Klagen der Götter.

Das unerschaffene Licht des Absoluten entfernte sich allmählich von den Göttern und dann fielen diese in die universale Schattenmasse.

Als der große Logos, der sich als Elektrizität in allem Existierenden ausdrückt, aus sich selbst den Logos des Solarsystems und die sieben planetarischen Genien hervorbrachte, gab es nichts als Weinen und Trauer.

Als die Götter die chaotische Materie mit dem Feuer befruchteten und begannen, auf dem Webstuhl der Götter zu weben, gab es nichts als Weinen und Bitterkeit.

Die Götter weinten über das Verlassen des Absoluten.

Sie weinten über das unerschaffene Licht, das für sie zur Finsternis geworden war, und sie entschuldigten sich gegenseitig, indem sie sagten: Ich habe keine Schuld, ich bin nicht schuld, usw.

Die Götter fielen, als die große Mutter ihnen das Feuer stahl.

Die große Mutter erstrahlte vor Freude mit dem universalen Protogonos.

Die jungfräuliche Mutter raubte den Göttern den Stab und brachte sie in die Welt des Chakra Muldhara.

Das ist das Karma der Götter.

Glücklicherweise erhebt die Spirale des Lebens die Götter mit der Morgendämmerung jedes Mahamvantara auf immer höhere Bewusstseinsebenen.

An jedem großen kosmischen Tag wird das Universum auf eine höhere Ebene gebracht.

Bis die feurige Seele der Götter am Ende vollständig im Absoluten absorbiert wird.

Das ist das Karma der Götter: mit den Welten zu arbeiten.

An dieser Morgendämmerung des Lebens weinten sie, als sie in den Schatten des Universums versanken.

Als die Götter begannen, am Webstuhl der Götter zu weben, als sie anfingen, die chaotische Materie mit dem heiligen Feuer zu befruchten, weinten sie vor Schmerz.

Da war es, das ein Bewohner des Absoluten, der Christus, ein Paramartasatya, Mitleid mit ihnen hatte und aus Mitgefühl aus den universalen Schatten herabstieg, um die Menschen und die Götter zu retten.

Der kausale Logos sandte aus seinem göttlichen Verstand das Kreuz im Kreis und als das Feuer und das Wasser durch die göttliche Ehe ein Kreuz bildeten, hängte sich der Christus an dieses Kreuz, um die Menschen und die Götter dieses Universums zu retten.

Schreite voran, oh Buddha, schreite voran und verzage nicht, das ist der Rat, den ich dir vor den drei Kerzen dieser heiligen Kammer gebe.

Befreie dich von allen kosmischen Ebenen, damit du geboren wirst im Leben, das frei in seiner Bewegung ist. Befreie dich von allen kosmischen Ebenen, damit du zu existieren aufhörst und zum absoluten Sein wirst.

Wir brauchen einen höchsten Tod und eine höchste Auferstehung. Es ist besser zu sein, als zu existieren.

Das Absolute ist der absolute abstrakte Raum ohne Grenzen und die absolute abstrakte Bewegung, im Pleroma des unerschaffenen Lichtes, wo nur das Glück zu Seins ohne zu existieren strahlt, das Glück des Lebens, frei in seiner Bewegung.

Schreite voran, oh Buddha, schreite voran und verzage nicht. Die christische Kraft, die wir in unseren Sexualorganen haben, führt uns bis zum Absoluten.

Die Elektrizität des kausalen Logos verbindet uns mit dem Absoluten.

Das Absolute ist reinste Elektrizität. Die Elektrizität drückt sich als sexueller Instinkt in uns aus. Die Elektrizität entzündet das Feuer, das Licht und die Flamme.

Als das Feuer des Vaters sich sexuell mit der großen Mutter vereinte, um das Universum zu erschaffen, weinten die Götter über das Verlassen des Absoluten.

Da entsprang der Christus dem unerschaffenen Licht, stieg zu den universalen Schatten herab, drang in das Heiligtum ein und unterschrieb die erhabene Vereinbarung der Opferung, um Menschen und Götter zu retten.

Später besiegelte er diese Vereinbarung mit seinem eigenen Blut auf den unaussprechlichen Gipfeln von Golgatha.

Die höchste Erlösung ist ein höchster Tod und eine höchste Auferstehung.

Die menschlichen Persönlichkeiten sind vom großen Wind verwehtes Laub, eitle Schatten.

Man muss die menschlichen Anhänglichkeiten kreuzigen und sterben, um zu leben.

Kapitel XLV

Die vierte Kammer

Das heilige Feuer hat die vierte Kammer deiner Wirbelsäule erreicht.

Freue dich, oh Buddha!

Halte durch und verzage nicht!

Sei treu bis zum Tod und ich werde dir die Krone des Lebens schenken.

Tritt ein in den Tempel, um das Fest zu erhalten!

Kapitel XLVI

Die fünfte Kammer

Das heilige Feuer betritt jetzt deine fünfte Kammer.
Erhalte dein Fest, oh Buddha!

Kapitel XLVII

Die sechste Kammer

Du spürst eine große Unruhe, oh Buddha!

Du fühlst, dass du aus dem Tempel gerufen wirst.

Auch die Pflicht ruft dich.

Auf wen wirst du hören?

Wem wirst du gehorchen?

Wirst du auf die Pflicht oder auf den Ruf aus dem Tempel hören?

Weh dir, wenn du diese Prüfung nicht bestehst!

Wer ruft dich aus dem Tempel?

Beobachte die Tür des Heiligtums.

Siehst du diese feinen schwarzen Magier, die dich rufen?

Im Weihrauch des Gebetes versteckt sich auch das Verbrechen.

Du hast gelernt, deine Pflicht zu erfüllen.

Du hast die Prüfung siegreich bestanden.

Tritt ein in den Tempel, um dein Fest zu feiern.

Kapitel XLVIII

Die siebte Kammer

Das heilige Feuer hat die siebte Kammer betreten.

Du hast das ruhige Herz erreicht.

Jetzt kommt dein himmlischer Vater und setzt dir die Krone des Königs auf und gibt dir die höchste Herrschaft.

Das heilige Kreuz leuchtet.

Du bist ein König.

Dein stellarer Vater hat dich gekrönt.

Es gibt himmlische Musik und unendlich große Freude.

Kundalini hat den Kopf mit dem Herzen verbunden.

Deine fünfte Schlange hat ihre Reise beendet.

Jetzt wird das heilige Feuer die vier ersten Zentren des Herzens durchlaufen.

Wenn es das fünfte Zentrum erreicht, wirst du die Einweihung erhalten.

Kapitel XLIX

Erstes Zentrum des Herzens

Das heilige Feuer hat das erste Zentrum des Herzens betreten.
Sieh diesen kleinen Tempel, mein Bruder.
Rechts ist ein weißer Magier und links ein schwarzer Magier.
Der gute und der böse Dieb.
Das Licht und die Finsternis im ständigen Kampf.
Tritt jetzt ein, um dein Fest zu erhalten.
Das ist das erste heilige Zentrum des Herzens.

Kapitel L

Zweites Zentrum

Das heilige Feuer hat das zweite Zentrum des Herzens betreten.
Eine Gruppe von kleinen Pferden zieht deinen Wagen.
Tritt ein in den Tempel, um das Fest zu feiern.

Kapitel LI

Drittes Zentrum

Das heilige Feuer hat das dritte Zentrum des Herzens betreten.
Ein fahrender Zug.
Eine wundervolle Musikkapelle.
Der Stier der Leidenschaften ist tot.
Der Feind besiegt.
Das Werk des Vaters schreitet voran.
Du bist siegreich, oh Buddha!

Kapitel LII

Viertes Zentrum

Das heilige Feuer hat jetzt das vierte Zentrum des Herzens betreten.

Empfange deine Mächte und bewahre vollkommene Stille.

Schweige, oh Buddha!

Das Kind entflieht aus dem Gefängnis.

Das Ego-Manas hat sich befreit.

Dein menschlicher Wille hat sich in die Willenskraft Christi verwandelt.

Schweige, oh Buddha!

Kapitel LIII

Fünftes Zentrum

Ich habe die elementale Sphinx der Natur gerufen.

Die Sphinx ist aus der ägyptischen Wüste zu mir gekommen.

Die Sphinx hat allzu sehr gelitten, ihre Füße sind voller Schlamm.

Die Menschen haben die tausendjährige Sphinx leiden lassen.

Ich habe der Sphinx einen heiligen Kuss gegeben.

Die Sphinx hat das Datum meiner Einweihung festgesetzt.

Jetzt meditiere ich über das Geheimnis der Sphinx.

Vor meinen Füßen öffnet sich der „Infernus“ von Dante.

Niedere Regionen, wo die Leidenschaft herrscht.

Ich steige für einen Moment in diese Abgründe hinab.

Einer der Herren des Karma weist mich darauf hin, dass ich drei Jahre lang allzu sehr gelitten habe und dass ich mich jetzt besser kleiden soll.

Ich frage, ob meine Praktiken der Sexualmagie richtig sind und der Meister antwortet mir, dass sie richtig sind.

Indem ich die Sexualmagie intensiv mit meiner Frau praktizierte, habe ich meine fünfte Schlange durch den Stab erhoben.

Die statische Elektrizität wird nur aktiviert, wenn die Magnetfelder ausreichend magnetisiert sind.

Die Elektrizität strömt und bewegt sich überall, aber sie kann nur genutzt werden, wenn man sie zwingt, durch die Elektromagnete zu fließen, wo man sie speichert.

Kein elektrischer Generator könnte Elektrizität erzeugen, wenn die Magnetfelder vorher nicht ausreichend magnetisiert worden wären.

Die Elektrizität ist die Tochter des Magnetismus und wird durch Magnetismus erzeugt. Die Elektrizität ist die Gattin des Magnetismus und sie wird nur durch die sexuelle Vereinigung mit dem Magnetismus erzeugt.

Mann und Frau sollen sich gegenseitig durch die Sexualmagie magnetisieren, damit die göttliche Elektrizität von Kundalini aus den Magnetfeldern unserer Sexualorgane entsteht.

Tritt jetzt ein und empfange deine Einweihung, mein Bruder. Der Tempel ist voller Herrlichkeit.

Du bist Sohn deiner eigenen Ehefrau; sie hat dich als Meister des Kosmos geboren.

Osiris ist der Gatte, Sohn und Bruder von Isis, vergiss das nicht.

Der Hundskopfaffe ist ein Affe mit dem Kopf eines Hundes und er hält den Stab mit den sieben Knoten in seiner rechten Hand.

Der Hundskopfaffe ist das Quecksilber der geheimen Philosophie, die Organe der sexuellen Leidenschaft, der unersättliche Durst der Sexualität, die Bestie, aus der wir heldenhaft das heilige Feuer extrahieren müssen.

Das Quecksilber, d. h. der Samen, der Hundskopfaffe muss immer zwischen Isis und Osiris sein, um das große Werk zu verwirklichen.

Du hast deine Willenskraft Christi erschaffen.

Dein menschlicher Wille hat sich in die Willenskraft Christi verwandelt.

Du hast dich auf einen neuen Thron gesetzt.

Aus deinem kausalen Körper hat der Einweihende ein wunderschönes Kind extrahiert: es ist deine Willenskraft Christi.

Dieses wunderschöne Kind vereinigt sich jetzt mit deinem Innersten.

Deine ganze Persönlichkeit ist von deinem Seele-Buddhi-Manas absorbiert worden.

Du bist vollständig erleuchtet und voller unbeschreiblicher Mächte, die im universalen Feuer lodern.

Die Vereinigung von Buddhi-Manas hat dir das Auge von Dagma geöffnet.

Du bist ein Meister des Samaddhi, du bist ein Sohn des Lichtes.

Jetzt liebst du deine Frau mehr als vorher, sie ist deine Mutter.

Die Liebe erhebt die Seelen. Die Liebe schafft Götter.

Die Frau ist die Tür von Eden und wer durch diese Tür tritt, wird vom reinen Wasser des Lebens trinken und nie mehr Durst haben.

Kapitel LIV

Wir müssen dem Willen des Vaters gehorchen, denn der Mensch ist eitel und dumm.

Das menschliche Bewusstsein ist wahrhaft eitel.

Das persönliche Leben ist eitel, die menschliche Wissenschaft ist eitel, der Verstand ist illusorisch.

Die menschlichen Anhänglichkeiten sind illusorisch.

Das einzig Wahre ist das Absolute.

Das Absolute drückt sich als unpersönliche Bewegung aus.

Der große Atem des Absoluten reißt die Menschenmengen fort wie trockenes Laub im Sommer.

Die Menschenmengen sind wie Laub, das vom schrecklichen Wind des Absoluten verweht wird.

Der Mensch weiß nichts, weil der Einzige, der etwas weiß, das Absolute ist.

Der Verstand und die menschliche Persönlichkeit mit all ihren Anhänglichkeiten und Zärtlichkeiten fesseln uns an die Felsen des Schmerzes und des Leids.

Der Wille des Vaters möge geschehen, denn meiner ist nichts wert.

Kapitel LV

Mein Sohn, vergiss nicht, dass der Vater der Alte der Tage ist.

Der Innerste ist nichts anderes als der geliebte Sohn des Vaters.

Der Alte der Tage ist dein wahres Sein.

Du bist der Alte der Tage.

Der Alte der Tage ist jener Strahl, aus dem dein eigener Innerster ausgeströmt ist.

Es gibt so viele Väter im Himmel wie Menschen auf der Erde.

Der Alte der Tage ist der Strahl, der vom Absoluten ausstrahlt.

Dieser Strahl ist ein Atemzug für sich selbst, völlig unbekannt, ein Atemzug des großen Atems.

Der gesamte große Atem ist das Heer der Stimme.

Er ist der Logos, das schöpferische Wort des ersten Augenblicks.

Kapitel LVI

Hört mich an, oh Buddhas! Hört mich an, Söhne. Hört mich an, Greise.

Die Wasser sind der christische Samen des Universums.

Alles kommt aus dem Meer, alles kehrt ins Meer zurück.

Das Meer ist der Samen des Universums.

Dieses Meer befindet sich in unseren Sexualdrüsen.

Dies sind die Wasser der Genesis.

Die Wasser des Weltraums.

Der Samen ist das Quecksilber der geheimen Philosophie, des Mulaprakriti des Orients, des Chaos.

Es gibt nur eine unendliche Substanz.

Die Kombinationen der unendlichen Substanz sind herrlich.

Diese unendliche Substanz ist der universale Samen.

Dieser Samen ist das Meer, ist das Wasser alles Erschaffenen, ist der große Ozean, aus dem alles kommt und in den alles zurückkehrt. Er ist das große Leben.

Kapitel LVII

Die Sexualität

Der Schwan symbolisiert die Liebe.

In Eden dienen die makellos weißen Schwäne am Tisch der Götter.

In Eden stellen die Schwäne mit ihrem herrlichen Federkleid in ihrem reinen Schlund wundervolle Speisen her, die sie in die Kelche der Engel legen.

Die Engel trinken Speisen aus Eden.

Göttliche Nahrung, die der Schwan in seinem diamantenen Schlund hergestellt hat.

Der Schwan Kala-Hamsa schwimmt auf den Wassern des Lebens.

Die Kombinationen der unendlichen Substanz sind wundervoll.

Die Samenwasser verwandeln sich im Schlund des Schwans in unaussprechliche Speisen.

Die Kontinente mit allem was existiert, kamen aus dem Meer und werden ins Meer zurückkehren.

Die Elementargeister der Bäume lieben sich auch.

Das Hochzeitsbett dieser unaussprechlichen Wesen sind die Wurzeln der Bäume.

Sie vereinen sich sexuell, ohne den Samen zu vergießen.

So dringt der Samen in den Leib des weiblichen Wesens ein.

Wenn sich das Leben kristallisiert, dann erscheint die Frucht in den Pflanzen.

So kommt das Leben aus der ätherischen Welt.

Die ätherische Welt ist Eden.

Aus Eden kommt das Leben.

Hört mich an, oh Buddhas, vergießt euren Samen nicht und ihr werdet nach Eden zurückkehren!

Alles entstammt der Sexualität, alles entstammt der Liebe.

Der Schwan symbolisiert die Liebe.

Der Schwan ernährt sich von Liebe.

Wenn einer des Paares stirbt, erliegt der andere vor Trauer.

Alle Lebensformen, die pulsieren, sind ein einziges großes Leben, das in den Samenwassern des Lebens versteckt ist.

Meine Söhne: ihr seid die Sonne und ihr seid die Ameise, ihr seid der sanfte und einsame Baum und der rebellische Adler.

Wir alle sind das große Leben, das in jedem Herzen schlägt.

Dieses große universale Leben ist im großen sexuellen Ozean der Liebe versteckt.

Der makellos weiße Schwan dient am Tisch der Engel.

Das Wasser ist der Samen.

Die Kombinationen der unendlichen Substanz sind herrlich.

Der Wille des Vaters geschehe, wie im Himmel so auf Erden.

Amen